HANS-GEORG WILLMANN

MACH'S MAL *anders!*

HANS-GEORG WILLMANN

MACH'S MAL *anders!*

Wie dein Leben leichter wird,
wenn du dich auf das fokussierst,
was wirklich zählt

mvgverlag

Bibliografische Information der Deutschen Nationalbibliothek
Die Deutsche Nationalbibliothek verzeichnet diese Publikation in der Deutschen Nationalbibliografie. Detaillierte bibliografische Daten sind im Internet über http://dnb.d-nb.de abrufbar.

Für Fragen und Anregungen
info@mvg-verlag.de

Wichtiger Hinweis
Die gewählte männliche Form bezieht sich immer zugleich auf weibliche, männliche und diverse Personen. Auf konsequente Mehrfachbezeichnung wurde aufgrund besserer Lesbarkeit verzichtet.

Originalausgabe
2. Auflage 2023
© 2023 by mvg Verlag, ein Imprint der Münchner Verlagsgruppe GmbH
Türkenstraße 89
80799 München
Tel.: 089 651285-0
Fax: 089 652096

Redaktion: Ulrike Hollmann
Umschlaggestaltung: Karina Braun
Satz: Müjde Puzziferri, MP Medien, München
Druck: CPI books GmbH, Leck
Printed in the EU

ISBN Print 978-3-7474-0510-9
ISBN E-Book (PDF) 978-3-96121-901-8
ISBN E-Book (EPUB, Mobi) 978-3-96121-902-5

Wir produzieren
nachhaltig
www.m-vg.de

Weitere Informationen zum Verlag finden Sie unter
www.mvg-verlag.de
Beachten Sie auch unsere weiteren Verlage unter www.m-vg.de

Inhalt

Einleitung

»Es ist bekloppt, immer wieder dasselbe zu tun und zu erwarten, dass etwas anderes dabei herauskommt«, sagt Bernie zu mir, als er mich beobachtet, wie ich zum dritten Mal versuche, aus dem Matsch rauszukommen, indem ich Gas gebe. Ich habe mich bei einer Flussüberquerung festgefahren und stecke einen halben Meter tief im Schlamm. »Versuch's doch mal anders«, ruft mir Bernie zu, und damit war die Idee für mein Buch geboren.

Das Leben ist kompliziert geworden. Wir navigieren und manövrieren uns durch Digitalisierung und Pandemie, Klimakrise und Konflikte – und stecken nicht selten fest, im Job oder privat. Der Dauerbeschuss mit Informationen überreizt uns. Dann fokussieren wir uns auf die Probleme (den Matsch) statt auf die Lösungen – und wundern uns, dass nichts vorangeht. Leichtigkeit geht verloren, weil der Blick fürs Wesentliche verloren geht. Wenn wir merken, dass das, was wir tun, nicht funktioniert, versuchen wir es oft einfach noch einmal, und zwar diesmal noch angestrengter und intensiver. Irgendwann steckt der Wagen dann so tief im Dreck, dass nichts mehr geht. Kein Wunder, dass sich unser Leben oft schwer und kompliziert anfühlt.

Wissen Sie, was ich meine? Und wollen Sie daran etwas ändern? Wunderbar. Dann sind Sie hier richtig. In den vergangenen zwei Jahren habe ich für *Mach's mal anders!* auf meinen Reisen durchs weite Outback Australiens viele großartige Menschen wie Bernie getroffen. Und ich habe viel von ihnen gelernt. In diesem Buch möchte ich Sie mitnehmen auf meine Touren und die Geschichten mit Ihnen teilen, die mir geholfen haben, mein Leben wieder leichter zu machen.

Bereiten Sie sich darauf vor, einen neuen Weg einzuschlagen, um auch Ihr Leben in Zukunft wieder leichter zu machen. Am Anfang mag Ihnen dieser Weg verdächtig einfach erscheinen. Sie werden vielleicht denken: Ja, aber meine Probleme sind komplizierter. Mein Leben lässt sich nicht so einfach leichter machen. Ist das so? Ja? Dann ist das ein prima Anfang, um gleich mal etwas anderes auszuprobieren: Geben Sie der Idee eine Chance. Machen Sie's mal anders.

Mein großes Aha-Erlebnis und zugleich das wichtigste Prinzip, das ich im Outback gelernt habe, ist sehr pragmatisch: Im Outback ist es überlebenswichtig, sich auf das Wesentliche zu fokussieren.

Die Menschen hier draußen sehen viele Dinge ziemlich klar und pragmatisch. Im Outback zu leben und zu arbeiten ist nicht einfach. Es ist zu heiß oder zu kalt, zu trocken oder zu nass. Die Arbeitstage sind lang, die Arbeit ist hart und die Entfernungen sind riesig. Gibt es ein Problem, muss man es selbst lösen – und das am besten sofort, weil die Konsequenzen von Problemen im Outback schnell drastisch werden können. Man fokussiert sich dabei auf das, was wirklich wichtig ist, und wenn das, was man tut, nicht funktioniert, macht man etwas anderes – um zu überleben.

Und wissen Sie was? Ich glaube, leben und arbeiten im Outback einerseits und andererseits unser Leben, da wo es

Straßen und Supermärkte, Krankenhäuser und Kindergärten gibt, unterscheiden sich gar nicht so sehr voneinander. Das Leben ist auch bei uns nicht einfach. Auch wir müssen hart arbeiten, um zu überleben, haben Probleme in der Familie, die wir lösen sollten, wollen im Sport oder im Job erfolgreich sein und müssen uns dafür besonders anstrengen. Wir leben in einer Hochleistungsgesellschaft, in Zeiten der Digitalisierung und des *information overload*. Unser Planet hat Fieber, die Staaten streiten sich und Viren verteilen sich im Takt der Flugpläne internationaler Flughäfen und lösen Pandemien aus – das Weltgleichgewicht scheint ins Wanken zu geraten. Dieser rauen Realität müssen wir ins Auge schauen, genauso wie die Menschen im Outback den rauen Bedingungen der Natur. Hier wie da müssen wir lernen, mit den Gegebenheiten umzugehen, wenn wir wollen, dass unser Leben leichter wird.

Genau davon handelt dieses Buch. Davon, wie auch Ihr Leben leichter wird, wenn Sie sich auf das fokussieren, was wirklich zählt. Wie Ihnen das in den verschiedenen Lebenslagen und mit den unterschiedlichen Herausforderungen im Alltag am besten gelingt, das entdecken Sie auf den nächsten Seiten.

Unterwegs begegnen Sie Menschen wie Bernie, der mir aus dem Matsch geholfen hat, als nichts mehr ging. Da ist Josie, die Älteste einer Gemeinschaft von Aboriginal People, die mir die Augen geöffnet hat, worauf ich eigentlich den ganzen Tag glotze, und Peter, der Schiffskapitän, der den Busch und die Bäume liebt und der mir gezeigt hat, dass alles, was wirklich wichtig ist, einen Unterschied macht. Freuen Sie sich auf Tara, die Automechanikerin aus Darwin, und auf die Geschichte mit dem Wildpferd auf der Piste, und auf Anna, die Tierärztin, die mir beim Hell's Gate Roadhouse gezeigt hat, wie Selbstvertrauen funktioniert.

Von Allan, der Edelsteine im Outback sucht, habe ich gelernt, dass alles, was wirklich kostbar ist, begrenzt ist, und Matt, der Controller aus Perth, hat mir gezeigt, dass es nicht etwa mein Campingtisch ist, der zu klein wurde, sondern dass es meine Ansprüche sind, die größer wurden. Ranger Tom, der weit ab aller Zivilisation im Nordwesten Australiens lebt, hat mich erkennen lassen, dass weniger von dem, was wir sowieso nicht brauchen, Platz schafft für das, was uns glücklich macht. Und von Sam, der Krankenschwester, habe ich gelernt, dass »sich ärgern« nichts ändert.

Aber entdecken Sie die Geschichten und Erkenntnisse aus dem Outback doch selbst. Lernen Sie Henry, den Ex-Soldaten, und Beverly, die Köchin, kennen. Gehen Sie mit Emma und John auf einen Roadtrip durch Australien, und erfahren Sie von Johanna etwas über Lösungen, die zum Problem werden. Entdecken Sie die riesige Farm von Jeff und das Geheimnis der kleinen Handgriffe, die zum großen Erfolg führen. Und erfahren Sie von Mick, der ein Roadhouse leitet, dass man nicht jedes Schlagloch auf der Piste mitnehmen muss, wenn das Leben leichter werden soll. Das Wichtigste aber ist, dass Sie unterwegs den Mut finden, in Ihr eigenes Abenteuer aufzubrechen, so wie Madi, die Arzthelferin aus Sydney, die es gewagt hat, das zu machen, was für sie wirklich zählt.

Die Dinge mögen kompliziert sein, aber das heißt noch lange nicht, dass auch unser Leben so sein muss. Viele der Outback-Geheimnisse, die ich unterwegs kennenlernen durfte, sind für unseren Alltag sehr hilfreich. Und auch Sie können damit zukünftig Ihr Leben leichter machen. Wenn Sie das wollen, sind Sie hier richtig. Ich wünsche Ihnen viel Freude mit diesem Buch.

Übrigens: Mit Bernies Hilfe habe ich mich schnell mit meiner Seilwinde selbst befreien können, und genau das können auch Sie in Zukunft tun – sich aus einem komplizierten und hektischen Leben befreien.

Eins noch: Gemeinsam durchs Outback zu reisen, ist eine ziemlich persönliche Sache. Wäre es für Sie okay, wenn ich so lange »Du« sage? Wenn wir uns eines Tages da draußen im Outback treffen, können wir am Lagerfeuer bei einer Tasse Tee ja noch einmal darüber sprechen, ob es beim »Du« bleibt.

Menschen, die auf Bildschirme glotzen – In die Röhre schauen verändert nichts

»Das Wasser kocht nicht schneller, wenn du auf den Wasserkessel starrst«, sagt Josie, die mit mir am Lagerfeuer sitzt. Vor fünf Minuten habe ich den Wasserkessel aufs Feuer gestellt. Seither glotze ich auf den Kessel und warte ungeduldig darauf, mir endlich den Tee aufgießen zu können – und Josie schaut mir zu und wundert sich.

Worauf glotze ich eigentlich Tag für Tag, vom Aufstehen bis zum Schlafengehen? Für das, was wirklich wichtig ist, bleibt im Leben oft erschreckend wenig Platz. Unsere Kalender und Köpfe sind vollgestopft. Wir sind immer und überall auf der Welt mit allen verbunden. Wir setzen uns unter Druck durch Vergleiche mit anderen und Ansprüche an uns selbst. Wir reagieren, statt uns aufs Wesentliche zu konzentrieren. Unser Leben ist hektisch und übertechnisiert, überinformiert und unbefriedigend.

Kennst du diese Situationen, in denen du abends schlafen gehst – in der Hoffnung, dass sich der ganze Stress und die Sorgen von selbst erledigen? Wie häufig wurde diese Hoffnung in deinem Leben erfüllt? Im Outback habe ich gelernt,

Worauf glotzen wir eigentlich den ganzen Tag? Hast du dich schon einmal gefragt, wohin du schaust, wenn du nicht auf einen Bildschirm glotzt?

wie man sein Leben von kompliziert und hektisch zu einfacher und zufriedener verändert – und genau das kannst auch du in Zukunft mit deinem Leben machen.

Lass uns Klartext sprechen: Die vielen tausend Nachrichten und Informationen, die täglich auf dich einprasseln, lassen dich stundenlang wie hypnotisiert auf Bildschirme glotzen – ohne dass es einen Unterschied für dich oder für die Welt um dich herum macht. Für deine Ziele und für deine Beziehungen haben die allermeisten dieser Nachrichten und Informationen keine Bedeutung.

An sich wäre es kein Problem, dass so viele Informationen in unserer Welt herumkreisen, aber wir sind biologisch darauf programmiert, unsere Aufmerksamkeit immer und überall auf den lautesten Knall in unserer Umgebung zu richten. Das passiert ganz automatisch, ob wir das wollen oder nicht. Zum Beispiel darauf, dass ein bunter Nachrichtensender über ein heftiges Unwetter auf der anderen Seite der Welt berichtet, das für uns hier überhaupt keine Rolle spielt. Und doch glotzen wir darauf, als ob es etwas ändern würde. Und weißt du, warum wir das machen? Weil wir so programmiert sind. Weil uns das über Zehntausende von Jahren das Leben gerettet hat.

Orientierungsreflex nennen das Evolutionsbiologen, und dabei handelt es sich um eine Reaktion unseres autonomen Nervensystems, das immer und überall aktiv die Umgebung auf potenzielle Gefahrenquellen hin überwacht. Du kannst dir das so vorstellen: Du sitzt im Café und möchtest gerade einen Cappuccino und deine Pause genießen. Doch sobald ein Säbelzahntiger um die Ecke kommt, eine handtellergroße, haarige Spinne über den Tisch läuft oder dein Smartphone Töne von sich gibt, wird dein Kampf- oder Fluchtreflex ausgelöst. Vorbei ist es mit der entspannten Ruhe.

Im Urwald war dieser Reflex unsere Lebensversicherung, denn es hat einen Unterschied gemacht, ob wir den Säbelzahntiger bekämpfen mussten oder vor ihm fliehen konnten. Heute ist der Reflex eine der Ursachen für *information overload* für Stress und dafür, dass unser Leben kompliziert und hektisch ist.

Zum Beispiel sitzt du beim Frühstück, scrollst nebenbei mal eben durch die neuesten Nachrichten und liest, dass in den USA die Affenpocken ausgebrochen sind. Du bist alarmiert. Adrenalin schießt in deine Blutbahn. Dein ganzer Organismus ist auf Kämpfen oder Rennen eingestellt. Du rennst oder kämpfst aber nicht. Wem solltest du auch auf die Nase hauen? Wohin solltest du auch fliehen? Du sitzt beim Frühstück und hast einen Arbeitstag vor dir. Wohin also mit dem ganzen Adrenalin? An den Kindern, den Kollegen oder den

Mitarbeitern auslassen – und damit noch mehr Stress produzieren? Im Straßenverkehr auf dem Weg zur Arbeit abreagieren – und damit Menschenleben riskieren? Oder in dich hineinfressen – und dich selbst nicht mehr mögen?

Möchtest du das? Sicherlich nicht. Und genau deshalb schreibe ich dieses Buch. Ich möchte, dass es auch dir gelingt, den Unterschied zu machen – und dein Leben von kompliziert und hektisch zu einfacher und zufriedener zu verändern. Letztendlich wollen wir doch alle dasselbe: ein zufriedenes, erfolgreiches Leben führen. Ein Geheimrezept dafür habe ich nicht. Aber ich reise seit vielen Jahren immer wieder durchs Outback, wo Geräusche eine Bedeutung haben und es einen Unterschied macht, worauf wir glotzen. Was ich unterwegs lerne, von der Natur und den Menschen, denen ich begegne, ist einfach: Kümmere dich mehr ums Wesentliche und weniger um die Dinge, die keinen Unterschied machen – dann wird dein Leben automatisch leichter und zufriedener.

Im Outback, wo es oft ums Überleben geht, lernt man schnell, wie wichtig es ist, sich aufs Wesentliche zu fokussieren. Überleben wollen fokussiert dich automatisch auf das, was wirklich zählt. Auf meinen Reisen habe ich mich gefragt, wie wir dieses Outback-Prinzip am besten auf unseren Alltag übertragen können – auch wenn wir bei uns, wo es Ärzte und Automechaniker gibt, nicht täglich ums Überleben kämpfen müssen. Wir ringen eher darum, unsere Aufmerksamkeit auf die Dinge zu konzentrieren, mit denen wir uns gerade beschäftigen. Darum, uns nicht ablenken zu lassen und uns nicht zu verzetteln. Das führt mich zu meiner ersten Outback-Erkenntnis. Sie lautet: Wir ändern dann etwas, wenn wir weniger glotzen und dafür mehr machen. Schone deine Aufmerksamkeit – deine Aufmerksamkeit ist eine der wertvollsten Errungenschaften, die dir die Evolution mitgegeben hat.

Josie lebt mit ihrer großen Familie im Outback. Als Älteste einer Gemeinschaft von Aboriginal People ist sie Hüterin des kulturellen Wissens ihres Stammes. Von Josie habe ich gelernt, dass auf den Wasserkessel zu starren und darauf zu warten, dass das Wasser schneller kocht, genauso sinnlos ist, wie fünfmal am Tag auf den Bildschirm zu glotzen, mir die Nachrichten über die Erderwärmung anzuschauen, mir Sorgen zu machen und darauf zu hoffen, dass der Klimawandel stoppt – wir ändern dadurch nichts.

Wir ändern nur dann etwas, wenn wir etwas anders machen. Wenn dir etwas wichtig ist, zum Beispiel die Umwelt und das Klima, kannst du Bäume pflanzen, mehr mit dem Fahrrad fahren, spazieren gehen und deinen Kindern spielerisch erklären, wie die Dinge in unserer Welt zusammenhängen. Ist dir ein friedliches Miteinander wichtig, kannst du da-

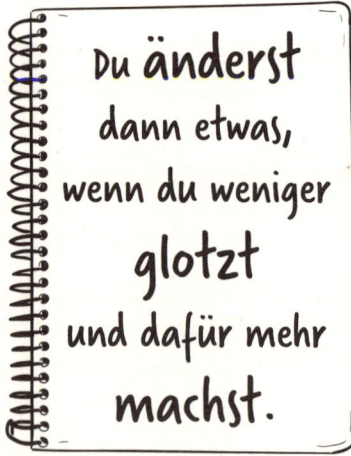

Du änderst dann etwas, wenn du weniger glotzt und dafür mehr machst.

rauf achten, freundlich und gewaltfrei mit anderen Menschen zu reden, mit allen Menschen, auch mit dem Nachbarn, dem Chef und Onkel Alfred, den du vielleicht nicht so gerne magst. Und wenn dir deine Gesundheit besonders am Herzen liegt, kannst du täglich aktiv etwas dafür tun, um gesund zu leben – zum Beispiel mehr Treppen steigen, mehr Wasser trinken oder mehr schlafen. Wir alle können mehr machen und weniger glotzen. Und sobald wir unsere Zeit dadurch ein wenig sinnvoller nutzen, wird unser Leben automatisch leichter.

Das Prinzip, das dahintersteckt, ist einfach: Mache mehr von dem, was dir wichtig ist. Das war's. Statt auf das zu glotzen, was du schlimm findest, zum Beispiel Krieg, schmelzende Gletscher oder zu viel Plastikmüll im Meer, kannst du täglich etwas dafür tun, dass es anders wird. Immer dann, wenn du aktiv etwas machst, bekommst du ein Gefühl der Selbstwirksamkeit – du tust etwas, du bewirkst etwas, du bist nicht ohnmächtig, nicht hilflos der Situation ausgeliefert. Verstehst du? Dadurch fühlt sich dein Leben gleich sehr viel leichter an. Mehr zur Selbstwirksamkeit und darüber, wie mir Anna, eine Tierärztin aus Queensland, die ich auf einer Tour am Hell's Gate Roadhouse getroffen habe, dabei geholfen hat, mein Selbstvertrauen wiederzufinden, erfährst du im Kapitel *Dinge werden einfacher, wenn wir sie vereinfachen.*

Hast du dich schon einmal gefragt, wohin du eigentlich schaust, wenn du nicht auf einen Bildschirm glotzt? Wenn ich im Alltag morgens den Wasserkocher anstarre und darauf warte, mir endlich meinen Tee aufgießen zu können, erinnere ich mich an Josie. Dann lächle ich leise und denke mir: »Das Wasser kocht nicht schneller, wenn ich auf den Wasserkessel starre.« Und dann nutze ich meine Zeit sinnvoller.

Die Wettervorhersage – Was wichtig ist, macht einen Unterschied

Alles beginnt mit einer grundlegenden Frage: Wie wird das Wetter morgen? Ich denke an Peter, den ich unterwegs getroffen habe. Peter arbeitet als Kapitän auf einem Boot im Pazifischen Ozean, wenn er nicht gerade im Outback herumfährt oder im Busch wandern geht. Für ihn hat Wetter eine Bedeutung. Als ich Peter wieder einmal danach frage, wie denn das Wetter am nächsten Tag werden wird, antwortet er mir: »Ich schau mir die Wettervorhersage nur an, wenn es einen Unterschied macht.«

Es ist genial einfach und einfach genial: Alles, was wirklich wichtig ist, macht einen Unterschied. Das Wetter auf hoher See oder der Schnupfen deiner Tochter, die tägliche Fitnesseinheit für deine Gesundheit oder die Vorbereitung auf das Gehaltsgespräch mit deinem Chef. Es macht auch einen Unterschied für dein Leben, was du isst und trinkst und wie gut du schläfst, mit welchen Leuten du dich triffst, wofür du dein Geld ausgibst und wie du mit deiner wertvollen Zeit umgehst.

Welchen Unterschied macht es hingegen, ob wir wissen, dass es regnet oder nicht, wenn wir sowieso den ganzen Tag drinsitzen? Es ist vollkommen egal, wie das Wetter morgen wird, solange wir nicht den Elementen der Natur ausgesetzt sind. Genauso wenig bringt uns die Information über den sprichwörtlichen Sack Reis weiter, der in China umgefallen ist. Und unser Leben wird auch nicht wirklich einfacher und zufriedener, wenn wir zehnmal am Tag via Instagram erfahren, wer gerade wo auf der Welt mit wem einen Kaffee trinkt.

Und doch verbringen wir viel Zeit am Tag damit, uns um diese Dinge zu kümmern – unsere Köpfe damit vollzustopfen und unser Leben damit komplizierter zu machen. Ob Nachrichtendauerschleife oder Wettervorhersage, das Auto des Nachbarn oder die Karriere der Kollegin – wir kümmern uns von morgens bis abends um tausend Dinge, die für uns, für unsere Ziele und Beziehungen bedeutungslos sind. Und wir klagen über Zeitnot, Stress und darüber, dass wir uns nie um das kümmern können, was wirklich zählt.

> Welchen Unterschied macht das, was du täglich tust – für dich, für deine Ziele und für deine Beziehungen?

Dabei wäre es einfach. Alles, was wirklich wichtig ist, macht einen Unterschied – und die Frage, mit der wir unser Leben vereinfachen, lautet: Welchen Unterschied macht das, was wir täglich tun, für uns, für unsere Ziele und für unsere Beziehungen?

60 Minuten Sport oder 60 Minuten Netflix? Welchen Unterschied macht das eine oder das andere für dein Leben? 60 Minuten Weiterbildung oder 60 Minuten Instagram? 60 Minuten gesund kochen oder 60 Minuten auf den Lieferdienst warten und dabei im Internet surfen? Womit beschäftigst du dich den ganzen Tag – vom Aufstehen bis zum Schlafengehen? Und welchen Unterschied macht das, was du tust, für dich, für deine Beziehungen und für das, was du heute, in diesem Jahr und in deinem Leben erreichen möchtest?

Mit den Kindern spielen oder Nachrichten schauen? Über den Nachbarn aufregen, für den du heute schon das dritte Amazon-Paket annimmst, oder dankbar sein dafür, dass du gesund bist? Über verpasste Chancen im Leben grübeln oder daraus für die Zukunft lernen? Sich um Dinge sorgen, die wahrscheinlich niemals eintreten werden, oder das Mittagessen mit Freunden genießen – im Hier und Jetzt? Die Beispiele sind endlos – die Frage bleibt gleich: Welchen Unterschied macht das, was du täglich denkst und tust – für dich, für deine Ziele und für deine Beziehungen?

Weißt du, was ich meine? All die Dinge, die in unserem Leben einen wertvollen Unterschied machen, die für uns wirklich wichtig sind, sind schon da. Unsere Kinder und genug Essen im Kühlschrank, fließend Wasser und die Luft zum Atmen, der Feldweg hinterm Haus und das Fahrrad in der Garage. All diese Dinge und noch viel mehr sind schon da. Sie bekommen einfach nur nicht die Aufmerksamkeit, die sie verdienen, weil der Orientierungsreflex unsere Aufmerksamkeit automatisch zum lautesten Knall lenkt. Und der kommt selten aus einem Fachbuch, aus dem Kinderzimmer oder der Sporttasche heraus – dafür oft aus unseren elektronischen Geräten.

Dabei ist weder das Smartphone, das Tablet oder der Computer noch Netflix, Instagram, WhatsApp oder YouTube das Problem. Der Sinn dieser Technologien ist es, unser Leben einfacher zu machen, nicht, es zu verkomplizieren, uns zu verwirren und Stress zu produzieren. Wir lassen uns davon jedoch zu oft kontrollieren, weil wir unaufmerksam damit umgehen, das ist das Problem. Wie oft wollen wir nur mal eben schnell Insta oder TikTok checken – und merken eine Stunde später, dass wir ganz unbewusst 60 Minuten lang in den digitalen Tiefen der Bedeutungslosigkeit versunken sind? Der Umgang mit unserer Aufmerksamkeit ist das Problem.

Im Outback, draußen in der Natur, ist das anders. Wenn ich hier auf mein Smartphone schaue, hat es keinen Empfang. Es ist still – und die Stille lässt mich jedes Mal erkennen, wie laut es überall sonst auf der Welt ist. In der Natur haben Geräusche eine Bedeutung. Ich höre etwas und muss sofort meine Aufmerksamkeit darauf richten, weil es um Leben und Tod gehen kann. Das Rascheln im Gebüsch – ein Wildschwein oder eine giftige Schlange? Der Rauch am Horizont – ein gefährliches Buschfeuer? Donnergrollen in der Entfernung – ein heftiges Unwetter? Das meiste, was man draußen in der Natur hört, sieht oder riecht, hat eine Bedeutung. Und es macht einen Unterschied, ob man darauf achtet oder nicht.

Im Alltag ist mehr los. Zum Beispiel signalisiert unser Smartphone eine eingehende Nachricht. Der Orientierungsreflex lenkt unsere Aufmerksamkeit automatisch hin zum Display und weg von der wichtigen Aufgabe, mit der wir uns eben noch beschäftigt haben, oder von der Unterhaltung mit einem Freund, die wir eben noch geführt haben. Wir erfahren, dass Lea gerade einen Kaffee trinkt. Aha. Okay. Und nun? Dann fangen wir mit der Aufgabe von vorne an oder versuchen, wieder ins Gespräch zu finden – bis zum nächsten Signalton unseres Smartphones.

Deine Energie fließt dahin, wohin deine Aufmerksamkeit geht. Weißt du, wo deine Aufmerksamkeit vom Aufstehen bis zum Einschlafen hingeht? Worum kümmerst du dich Tag für Tag, und welchen Unterschied macht das, worum du dich kümmerst, für dich, für deine Ziele und für deine Beziehungen? Notiere dir einige Stichworte.

Worum hast du dich heute am meisten gekümmert?	Welchen Unterschied hast du damit gemacht?

Im Alltag musst du dich bewusst entscheiden, wohin du deine Aufmerksamkeit lenkst, weil du nur dort aktiv und erfolgreich werden kannst, wohin deine Aufmerksamkeit geht. Würdest du deiner Aufmerksamkeit freien Lauf lassen, würdest du auf jeden Knall in deiner Umgebung reagieren und gar nicht mehr hinterherkommen. Ich bin mir sicher, dass auch du solche Tage kennst, an denen du das Gefühl hast, nur hinterherzurennen, an denen du dich gehetzt fühlst und nicht zu dem kommst, was dir wirklich wichtig ist. Der Grund dafür ist offensichtlich: Eigentlich knallt es in unserer Welt immer und überall um dich herum. Sobald du morgens die Augen öffnest, geht es los mit den Signaltönen, Benachrichtigungen, Informationen und News – die für dich in den allermeisten Fällen keine wesentliche Bedeutung haben. Noch bevor du einen klaren Gedanken an das fassen kannst, was für dich heute wirklich zählt, ist deine Aufmerksamkeit in alle Richtungen zerstreut: Defokussierung statt Fokussierung.

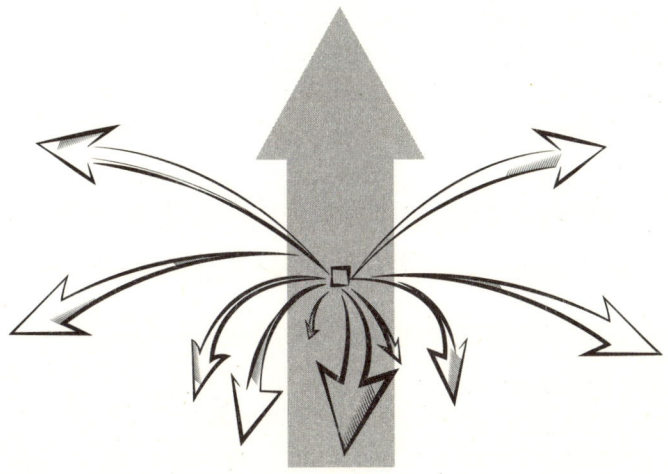

Deine Aufmerksamkeit ist wertvoll. Fokussierst du dich auf das, was wirklich zählt, dann wird dein Leben leichter und erfolgreicher, weil du deine ganze Energie darauf konzentrierst.

Das bringt mich zu meiner zweiten wichtigen Outback-Erkenntnis: Ich bin fest davon überzeugt, dass du im Alltag kaum eine Chance hast, deine biologische Programmierung zu kontrollieren. Der nächste (digitale) Knall, der deine Aufmerksamkeit ablenkt, liegt nur einen Mausklick oder Daumenwisch entfernt. Und wenn es knallt, knallt es, und dann schaust du hin, so wie jeder andere Mensch auch. Da du nicht jedes Mal ins Outback fahren kannst, wo es keinen Empfang gibt, im Wald spazieren gehen möchtest, geschweige denn dich im Keller einschließen willst, wenn du dein Leben vereinfachen möchtest, brauchst du eine alltagstaugliche Strategie, um dich leichter auf das zu fokussieren, was wirklich zählt.

Diese Strategie gibt es: Steigere deine Fokussierungsfähigkeit, indem du deine unmittelbare Umgebung veränderst. Dadurch verändert sich dein Verhalten automatisch.

Für den genial einfachen Zusammenhang zwischen deiner Umgebung und deinem Verhalten gibt es einen fundierten wissenschaftlichen Hintergrund. Menschliches Verhalten passt sich immer der jeweiligen Umgebung an, in der man sich befindet. Hier ist ein einfaches Beispiel für die Existenz dieses Zusammenhangs: Was machst du, wenn du im Schwimmbad von jemandem ins Wasser geschubst wirst? Genau. Du fängst an zu schwimmen. Und wie reagierst du, wenn der Rasenmäher des Nachbarn anfängt zu knattern, während du deine Lieblingsserie auf Netflix guckst? Klar: Fenster schließen und Lautstärke hochdrehen oder Kopfhörer auf.

Was bedeutet das nun für dein Leben? Was im Outback die giftigen Schlangen sind, auf die wir achten, sind im Alltag die Tausende von Benachrichtigungen, Informationen und News. Der Unterschied: Während eine Schlange deine

Aufmerksamkeit fokussiert, weil du dich voll darauf konzentrierst, nicht gebissen zu werden, um zu überleben, zerstreuen die Tausende von Informationen deine Aufmerksamkeit. Der Zusammenhang zwischen Umgebung und Verhalten gilt überall und immer. Er gilt im Outback, und er gilt für dich am Schreitisch und überall, wo dein Smartphone neben dir liegt. Kommt eine Nachricht rein, guckst du drauf. Ist das Smartphone nicht neben dir oder ausgeschaltet, schaust du auch nicht aufs Display.

Statt damit aufhören zu wollen, auf WhatsApp, E-Mails, Posts und Likes und News zu reagieren, die über dein Smartphone-Display tanzen, während du dich auf etwas konzentrieren möchtest, ist es leichter, damit anzufangen, ab und an den Stecker zu ziehen: Schalte dein Smartphone zeitweise aus oder lege es in die Schublade.

Jede Veränderung fängt damit an, dass du etwas anders machst als sonst. Probiere es einmal aus. Hier ist eine der einfachsten Methoden, wie du dein Leben leichter machst:

〜〜〜〜〜〜〜〜〜〜〜〜〜〜〜〜

Tipp: Starte deinen Tag mal anders

Eine der wirksamsten Methoden, mit der du dein Leben leichter machst, ist es, deinen Tag bewusst anders zu starten als sonst. Mach was für dich: Fünf Minuten Stretching oder Meditation am Morgen bringen dir Energie für den ganzen Tag. Lass deine elektronischen Geräte dafür aus. Entkomme so dem Sog der Social Media. Du kennst das Phänomen. Hast du erst einmal die erste WhatsApp oder

Insta geöffnet, ist es schwer, nicht zu reagieren und davon wieder wegzukommen. Ruckzuck vergeht eine halbe Stunde, in der du mal eben die neuesten Neuigkeiten checkst, Posts likst und auf Benachrichtigungen antwortest. Starte deinen Tag stattdessen damit, dich um das zu kümmern, was wirklich zählt: du selbst. Und zieh mal den Stecker.

Du wirst dich jetzt zu Recht fragen, wie das funktionieren soll, und denken, dass doch all deine Freunde und Kollegen erwarten, dass du immer und überall sofort auf deren Nachrichten reagierst, und dass du dich doch auch über das Weltgeschehen informieren musst. Denkst du das? Dann pass mal auf. Wenn du ehrlich zu dir selbst bist, dann weißt du, was passiert, wenn du sofort auf eine Nachricht reagierst, oder? Genau. Du bekommst sofort wieder eine Antwort. Und was machst du dann? Absolut. Du antwortest natürlich auch sofort wieder darauf. Und so geht das hin und her und dabei vergeht die Zeit.

Mach's dir leicht. Mach's mal anders! Probiere einmal aus, was passiert, wenn du Nachrichten unbeantwortet lässt. Fange klein an. Du musst die Nachricht nicht gleich über Nacht liegen lassen, aber warte mal eine Stunde oder zwei, bevor du antwortest. Du wirst überrascht sein, welche negativen Konsequenzen das haben wird: keine! Niemand wird sich bei dir beschweren und du wirst auch nichts Weltbewegendes verpassen. Aber du wirst den Tag weniger hektisch, weniger gestresst und mit weniger Ballast beginnen – und außerdem sehr viel mehr von dem erledigen, was für dich wirklich wichtig ist.

Heute sind Peter und ich Freunde. Wir beide lieben den Busch und die Bäume und so gehen wir häufiger zusammen auf Wanderung durch den Regenwald. Von Peter habe ich gelernt, dass alles, was wirklich zählt, einen Unterschied macht. Seither unterscheide ich im Alltag viel mehr, worum ich mich kümmere – und worum nicht. Wann ich welche Nachrichten wie oft schaue, auf welche Mitteilungen ich reagiere und wie ich die sozialen Medien aktiv nutze, statt nur auf sie zu reagieren. Übrigens: Das Wetter checke ich auch nur noch, wenn es einen Unterschied macht – zum Beispiel auf einer Tour durchs Outback, wo Wetter von Bedeutung ist.

Volle Aufmerksamkeit – Was wirklich zählt, ist hier und jetzt

Immer wenn es mir schwerfällt, mich auf das zu fokussieren, was in diesem Moment am wichtigsten ist, denke ich an Tara. Ich war wieder einmal mit meinem Geländewagen im Northern Territory unterwegs, zu einer Felsformation, die sich Lost City nennt. Diese beeindruckende Ansammlung von sich hoch auftürmenden Sandsteinfelsen sieht aus wie eine verlassene Stadt, und verlassen ist der Ort auch, an dem sich die Felsen befinden. Das nächste kleinere Dorf mit Krankenstation liegt über dreihundert Kilometer Piste südwestlich. Als wir am Lagerfeuer sitzen, erzähle ich Tara von meinem Weg hierher und davon, wie ich auf der schnurgeraden Geröllpiste ohne Hindernisse dahinfahre und mir die Landschaft anschaue, als plötzlich ein Wildpferd auf dem Weg steht und ich gerade noch ausweichen kann, ohne mich zu überschlagen. Tara, eine Automechanikerin aus Darwin, lächelt und sagt: »Wenn du hier draußen auf der Piste unterwegs bist, konzentrierst du dich am besten auf das, was wichtig ist – den Weg vor dir.«

Im Outback sind viele Dinge so einfach zu verstehen. Es ist dir sicherlich auch schon aufgefallen: Wie häufig sind wir im

Alltag mit unserer Aufmerksamkeit überall – nur nicht da, wo wir gerade sind, und bei dem, was wir gerade machen! Wir spielen mit den Kindern und checken dabei immer mal wieder unsere Mails. Wir frühstücken und währenddessen verteilen wir Likes auf Insta. Wir telefonieren mit Oma und scrollen nebenbei durch die neuesten Nachrichten. Wann hast du dich das letzte Mal mit voller Aufmerksamkeit um etwas gekümmert? Wann hast du dich das letzte Mal auf das fokussiert, was wirklich zählt?

Kinder sind glücklich und zufrieden, wenn sie ab und an die volle Aufmerksamkeit bekommen – und dein Leben wird dadurch sehr viel leichter. Deine Oma ist glücklich, wenn du dich hin und wieder ganz auf sie konzentrierst – und irgendwann, wenn deine Oma nicht mehr ist, erinnerst du dich glücklich und zufrieden an diese gemeinsamen Momente der ungeteilten Aufmerksamkeit. Deine Geschmacksnerven tanzen Tango, wenn du dich auf das konzentrierst, was du dir in den Mund steckst – außerdem hast du das Gefühl, gerade etwas Gutes für dich zu tun.

Es liegt auf der Hand, nicht wahr? Wir bekommen mehr als die Hälfte dessen, was hier und jetzt gerade ist, gar nicht mit, weil wir mit unserer Aufmerksamkeit ganz woanders sind. Wir fühlen uns gestresst, alles scheint hektisch zu sein, die Zeit scheint zu rasen – und all das nur, weil wir mit unserer Aufmerksamkeit nicht dort sind, wo wir sind. Wenn es dir auch so geht, dann bist du nicht allein. Und möchtest du wissen, warum das so ist? Unsere biologische Programmierung sorgt dafür, dass wir uns entweder zu leicht ablenken lassen oder im Energiesparmodus von unserem Autopiloten durch den Alltag schleusen lassen.

So ging es mir auf der unbekannten Piste nach Lost City. Die Fahrroutine hat mich unaufmerksam werden lassen, die schöne Landschaft hat mich abgelenkt. Autopilot und Ablenkung hätten fast zum Zusammenstoß mit dem Wildpferd geführt. Und ich habe mich, am Lagerfeuer mit Tara, wieder einmal daran erinnert, dass unser Leben dann leichter wird, wenn wir uns auf das fokussieren, was wirklich zählt – auf das, was hier und jetzt vor uns liegt.

Dein Leben wird **leichter**, wenn du dich auf das fokussierst, was wirklich **zählt** – das, was **hier und jetzt** vor dir liegt.

Im Outback ist es leichter, sich auf das zu konzentrieren, was wirklich zählt. Erstens weil es einfach nicht so vieles gibt, was uns ablenken kann. Ohne Empfang ist vieles leichter. Und zweitens, weil es schnell drastische Konsequenzen haben kann, wenn wir unaufmerksam sind. Wer will schon gerne mehr als 300 Kilometer von der nächsten Krankenstation entfernt durch einen Fahrfehler von der Piste abkommen, mit einem Wildpferd oder einem Känguru zusammenstoßen, beim Feuerholzsuchen von einer Schlange gebissen werden oder bei über vierzig Grad Celsius einen Hitzschlag erleiden? Da passt man lieber auf und ist bei der Sache.

Die riesigen Distanzen, auf denen oft Hunderte von Kilometern keine Ampel, kaum Kurven oder andere Fahrzeuge auftauchen, sind allerdings herausfordernd. Denn auch wenn auf den zurückliegenden hundertfünfzig Kilometern keine größeren Hindernisse aufgetaucht sind und ich mit guter Geschwindigkeit vorankomme, kann hinter der nächsten Ecke ein riesiges Schlagloch, ein entwurzelter Baum oder ein Rindvieh die Piste blockieren. Fahrpraxis ist wichtig; Fahrroutine, das heißt, sich vom Autopiloten fahren zu lassen, kann schnell gefährlich werden. Hier aufmerksam zu bleiben, strengt an. Deshalb ist es so wichtig, unterwegs immer wieder einmal stehen zu bleiben und durchzuatmen. Wie gut, dass es Pinkelpausen gibt.

Verstehst du? Wenn alles läuft, dann kannst du es laufen lassen. Das ist der Segen unseres Energiesparprogramms. Unser Autopilot lotst uns durch den Alltag und lässt uns die Dinge, die wir immer tun, ohne große Anstrengung verrichten. Zähne putzen, Kaffee kochen, den Weg zur Arbeit finden – das alles sind Routinetätigkeiten, über die wir nicht mehr nachdenken. Und das ist gut so, weil wir dadurch unsere Energie für wichtigere Dinge sparen. Aber wenn du etwas vor dir hast, das du noch nie gemacht hast, oder wenn du eine Routine durchbrechen möchtest, dann brauchst du deine volle Aufmerksamkeit dafür.

Kennst auch du solche Situationen? Du hast zum Beispiel einen Termin bei einem neuen Hausarzt und weißt noch nicht genau, wie du dorthin kommst. Oder du probierst zum ersten Mal das neue Rezept für hausgemachte Hühnersuppe aus. Oder du spielst mit deinen Kindern ein neues Spiel und kennst die Spielregeln noch nicht. Wie stark konzentrierst du dich auf den neuen Weg zum Arzt, das neue Rezept oder die neuen Spielregeln? Und wie willkommen sind währenddessen Anrufe, WhatsApp-Nachrichten oder andere Unterbrechungen, die dich davon ablenken, dich auf das zu fokussieren, was in diesem Moment wichtig ist?

Ein anderes Beispiel: Wenn du deine tägliche Routine auf dem Weg zur Arbeit absichtlich unterbrechen möchtest, um beispielsweise noch vor Arbeitsbeginn einen wichtigen Brief zur Post zu bringen. Du nimmst dir vor, den Brief abzugeben und dafür heute an der Kreuzung rechts zur Post statt wie üblich links zum Büro zu fahren. Noch beim Einsteigen und auch auf den ersten Kilometern denkst du an dein Vorhaben: »Wichtigen Brief abgeben, Brief abgeben, Brief, Brief, Brief …« Aber oft genug gelingt es nicht, dich lange genug auf das Rechtsabbiegen zu konzentrieren und deine Aufmerksamkeit ausreichend lange darauf zu fokussieren. Kurz vor dem Büro erinnerst du dich dann wieder daran – doch dann ist die Gelegenheit schon vorbei. Kreuzung und Post waren vor fünf Minuten. Dein Autopilot hat dich automatisch auf den Weg gelenkt, den du immer fährst – zur Arbeit statt zur Post. Hilfreich ist das nicht.

In unserem Alltag wimmelt es nur so von Ablenkungen und Situationen, in denen unser Autopilot übernimmt. Eine der größten Herausforderungen für unsere Aufmerksamkeit ist zum Beispiel das Homeoffice. Arbeitest auch du ab und an oder vielleicht öfters von zu Hause aus? Dann weißt du, was ich meine. Unsere Aufmerksamkeit zu managen, das heißt, uns auf das zu konzentrieren, was jetzt gerade wichtig ist, kostet uns im Homeoffice oft mehr Energie als die Arbeit selbst. Der Ort, wo sich Freizeitroutinen und Arbeitsroutinen begegnen, gleicht einem inneren Schlachtfeld, auf dem sich viele Seiten um unsere Aufmerksamkeit streiten. Wir haben nicht gelernt, uns in unseren eigenen vier Wänden, wo wir essen und schlafen, mit den Kindern spielen und fernsehen, Wäsche waschen und ein Feierabendbier trinken, uneingeschränkt auf die Arbeit zu fokussieren. Wie wollen wir uns zum Beispiel am Küchentisch auf die Exceltabelle konzentrieren, wenn da doch normalerweise unsere Koch- und Essroutinen ablaufen? Am Wohnzimmertisch oder an dem kleinen Behelfsschreibtisch im Schlafzimmer ist es auch nicht einfacher, sich auf ein wichtiges Chef-, Kollegen- oder Kundengespräch zu konzentrieren, wenn da doch normalerweise ganz andere Routinen ablaufen, als mit dem Chef zu teamsen oder mit dem Kunden zu verhandeln? Weißt du, was ich meine?

Dabei ist das Homeoffice wiederum nicht das Problem. Für viele von uns und in vielen Situationen ist das Arbeiten von zu Hause aus sogar die Lösung – nicht nur in den schwierigen Zeiten einer Pandemie. Das Problem ist unsere flüchtige Aufmerksamkeit, die sich durch den Orientierungsreflex gerne auf alles Mögliche richtet, nur nicht auf die Dinge, die uns langweilen – wozu oftmals leider auch die Aufgaben unserer Arbeit gehören. Dazu kommt unser Energiesparprogramm, der Autopilot, der uns nicht nur in unseren eigenen vier Wänden (dort aber besonders) in unsere Freizeitroutinen lotsen will: mal eben die Wäsche anstellen und später aufhängen, schnell mal die Nachrichten checken, die Lieblingsserie auf Netflix anschauen oder online shoppen gehen.

Wenn du ganz ehrlich zu dir selbst bist, dann hast du über all das und wahrscheinlich über noch viel mehr schon häufiger nachgedacht. Und wenn es dir so geht wie den meisten Leuten, dann hast du das meiste von dem, was möglich wäre, nicht gemacht. Aber überlege einmal, wie viel Energie es dich kostet, jedes Mal, wenn deine Aufmerksamkeit zu Netflix oder zum Onlineshoppen abwandert, deine Konzentration zurückzuholen. Wer redet noch von Zeitmanagement? Die wichtigste Fähigkeit, die wir heute und in Zukunft erlernen müssen, heißt: Aufmerksamkeitsmanagement.

Ich habe im Outback, von den Menschen und der Natur, viel darüber gelernt, wie wir uns auf das zu fokussieren lernen, was wirklich zählt. Und genau das kannst du in Zukunft auch. Notiere dir zunächst einmal einige Situationen, in denen du Dinge automatisch, wie auf Autopilot, machst, obwohl du das gerade gar nicht möchtest. Zum Beispiel, wenn du automatisch zur Fernbedienung statt zum Fachbuch greifst und nach zwei Stunden fernsehen müde einschläfst. Oder morgens im Büro, wenn du den Computer hochfährst und dich die Routine sofort Mails abarbeiten lässt, obwohl du eigentlich zuerst ein wichtiges Konzept für das Meeting heute Nachmittag fertig machen oder ein Telefonat mit einem wichtigen Kunden führen wolltest. Notiere dir auch die Top-Fünf-Ablenkungen, von denen du dich immer wieder unterbrechen lässt, wenn du eigentlich konzentriert mit etwas anderem beschäftigt bist.

Im Alltag können wir lernen, so viele Ablenkungen wie möglich loszuwerden und, wann immer es nützlich für uns ist, den Autopiloten auszuschalten. Außerdem können wir lernen, unsere Aufmerksamkeit so stark wie möglich auf das zu konzentrieren, was wirklich wichtig ist. Unser Schlüssel für ein leichteres Leben heißt: Fokus.

Autopilot	Ablenkung

Das führt mich zu meiner dritten Outback-Erkenntnis: Nur das, was im Fokus deiner Aufmerksamkeit liegt, kannst du erfolgreich umsetzen. Das ist genauso, wie wenn du beim Camping in dunkler Nacht zur Toilette gehen musst. Du leuchtest mit deiner Taschenlampe und kannst nur das sehen, was im Lichtstrahl der Lampe liegt. Links und rechts, über dir und hinter dir siehst du nichts. Außenrum ist es dunkel.

Deine Aufmerksamkeit ist wie der Lichtstrahl einer Taschenlampe. So, wie du nur das sehen kannst, was sich im Lichtstrahl deiner Taschenlampe befindet, so kannst du nur das erfolgreich umsetzen, was im Fokus deiner Aufmerksamkeit liegt.

Und hier kommen handfeste Fokussierungstipps aus dem Outback, die auch dir zukünftig in deinem Alltag helfen werden, deinen Aufmerksamkeitsstrahl auf das zu fokussieren, was für dich wirklich zählt. Du kannst deine Konzentrationsfähigkeit steigern, indem du deine Umgebung veränderst. Dadurch verändert sich dein Verhalten automatisch. Du kannst deine Konzentrationsfähigkeit aber auch steigern, indem du dein Verhalten direkt änderst. Jede Veränderung fängt damit an, dass du etwas anders machst als sonst.

Tipp: Ablenkung – die Macht der Umgebung nutzen

Verändere deine Umgebung. Dadurch verändert sich dein Verhalten automatisch. Diese einfache Gleichung wird durch wissenschaftliche Studien belegt. Gleichgültig, was du mit mehr Leichtigkeit machen möchtest, ob im Job oder privat: Richte dir deine unmittelbare Umgebung so ablenkungsfrei wie möglich ein. Lerne vom Outback. Wenn es nicht notwendig ist, auf Empfang zu sein, schalte ab. Lenkt dich das Zeug auf deinem Schreibtisch, in der Werkstatt oder im Wohnzimmer ab, räum es weg.

Lenkt dich dein Autopilot allmorgendlich zuerst zu deinen Mails? Und fängst du dann erst einmal damit an, die Mails fleißig abzuarbeiten, bevor du mit den wirklich wichtigen

Dingen des Tages beginnst? Stelle dir einen Bildschirmschoner ein, der dich beim Hochfahren des Rechners daran erinnert, den Fokus auf das zu richten, was wirklich zählt.

Was ist heute besonders wichtig?

Visuelle Reize wie dieser Bildschirmschoner helfen dir, dich daran zu erinnern, das zu tun, was heute wirklich wichtig ist.

Tipp: Autopilot – Erinnerungshilfen schaffen

Nutze Erinnerungshilfen für das, was dir wirklich wichtig ist. Mach's dir leicht. Lass dich im richtigen Moment durch den richtigen Impuls daran erinnern, das zu tun, was wirklich zählt. Damit stoppst du hinderliche Routinen oder störende Gewohnheiten, die dich wie auf Autopilot von dem abhalten, was du eigentlich machen möchtest. Besonders wirksame Erinnerungshilfen sind visuelle Reize wie Bilder, Fotos, Bildschirmschoner etc. Hilfreich sind auch Symbole wie zum Beispiel kleine Figuren (eine Superwoman-Figur auf dem Schreibtisch oder eine Tiger-Figur für das Fitness-studio), Steine, Münzen, Armbänder oder Fingerringe (besonders, wenn du sie am anderen Arm oder Finger trägst als gewohnt), Schlüsselanhänger etc. Auch effizient: auditive Reize wie Signaltöne, Songs oder Melodien (besonders hilfreich, um sich für das Fitnesstraining zu motivieren) und bestimmte Düfte.

~~~~~~~~~~~~~~~~~~~~~~

Deine Konzentrationsfähigkeit kannst du mit wenig Energie-aufwand zuverlässig steigern, indem du eines oder mehrere der folgenden sechs Power-Werkzeuge nutzt. Kein Witz, es sind wirklich Power-Tools, die dir enorm helfen werden, deine Konzentrationsfähigkeit direkt zu steigern. Ich habe alle selbst ausprobiert und wende meine Lieblingstools täglich an.

~~~~~~~~~~~~~~~~~~~~~~

Tool: Schlaf

Das ist das wichtigste Tool von allen – und das ist kein Scherz. Mit Schlaf spielt man nicht. Auch wenn wir alle wissen, dass man natürlich nicht immer Schlaf die Priorität geben kann. Und doch sollten wir darauf achten, von 100 Prozent aller Nächte mindestens 80 Prozent* tief, erholsam und ungestört zu schlafen. Im Outback, draußen in der Natur, ist es einfacher, gut zu schlafen. Du bist an

---

* Das wären auf die Woche bezogen 5,6 Nächte, auf den Monat (30 Tage) bezogen 24 Nächte und aufs Jahr (365 Tage) bezogen 292 Nächte. Bedauer-licherweise kann man Schlaf nicht nachholen.

der frischen Luft. Es ist ruhig und dunkel. Wenn die Sonne untergeht, gehst du bald auf die Matratze. Geht die Sonne wieder auf, wirst du wach – im Rhythmus der Natur eben. Auch wenn du nicht jede Nacht draußen in der Natur schlafen kannst, um auf deine 80 Prozent zu kommen, gibt es doch genügend Tipps für guten Schlaf.

Hier die Top-Fünf-Tipps: (1) Zwei Stunden vor dem Schlafengehen nur noch leicht Verdauliches essen und nicht zu viel trinken – besonders keinen Alkohol. (2) Eine halbe Stunde vor dem Einschlafen die Bildschirme ausschalten; statt in ein Display zu glotzen, besser mal ins Grüne schauen. (3) Nachts das Smartphone in der Küche liegen lassen und den Flugmodus einstellen oder gleich ganz ausschalten. Ich weiß, du nutzt dein Smartphone als Wecker. Mach's mal anders! Es gibt schöne kleine elektronische Gadgets, die dich wecken können, die mit deinem Smartphone aber nichts zu tun haben. (4) Raumtemperatur 16 – 18 Grad Celsius. (5) Das ist einer der wirkungsvollsten Tipps für guten Schlaf: Wenn du nachts aufwachst, dann schaue nicht auf die Uhr. Denn sobald du die Uhrzeit gesehen hast, fängt dein Gehirn an zu rattern: »Wie viele Stunden habe ich noch, oh je, nur noch drei Stunden, ich muss morgen fit sein für das Meeting, und was, wenn ich jetzt nicht mehr einschlafe, ich kann es mir nicht leisten, müde zu sein ...«, und vorbei ist es mit dem Schlaf. Wachst du auf, kannst du tief atmen, an etwas Schönes denken und lächeln – und dann wieder einschlafen.

Eines der besten Bücher zum Thema »Schlaf«, das ich gelesen habe, hat Matthew Walker geschrieben: *Das große Buch vom Schlaf.* Darin beschreibt der Neurowissenschaftler und Psychologe, der an der University of California, Berkeley, lehrt, die enorme Bedeutung des Schlafs als beste Vorbeugung gegen Alzheimer, Krebs, Herzinfarkt und vieles mehr. Du findest diese Quelle unter den Tipps zur Vertiefung am Ende des Buches.

Tool: Binaural Beats 40 Hz

Du spielst beiden Ohren Schall mit leicht unterschiedlicher Frequenz zu. Dadurch entsteht ein Sinneseindruck, den man Binaural Beats nennt. Es ist neurowissenschaftlich bewiesen, dass diese Töne deinen Fokus und deine Konzentration erhöhen – und zwar über die Steigerung des Neurotransmitters Acetylcholin, der den Fokus noch schärfer einstellt, und Dopamin, das als Motor deine Motivation zur Konzentration aufrechterhält. Es gibt viele Apps, aber du kannst auch einfach mal auf YouTube schauen. Das ist ein ideales Tool für den gezielten Übergang in die Konzentration. Fange am besten mit fünf bis zehn Minuten zur Einleitung einer Konzentrationsphase an, und wenn die Ablenkungen, zum Beispiel im Homeoffice oder im New Work Space, stark sind, kannst du es auch mal im Hintergrund weiterlaufen lassen. Wichtig: Funktioniert nur mit Kopfhörer. Wenn du mehr über die neurowissenschaftlichen Hintergründe unserer Fokussierungsfähigkeit und zu den Binaural Beats 40 Hz erfahren möchtest, dann höre dir auf jeden Fall mal den genialen Podcast von Professor Andrew Huberman von der Stanford University an: *Tools To Improve*

Your Focus & Concentration. Das ist das Beste, was ich seit Langem zum Thema »Aufmerksamkeit und Fokus« gehört habe. Die fast zwei Stunden Zeit sind gut investiert, wobei du dir die ersten neun Minuten sparen kannst. Da gibt es Werbung für Produkte. Den Link zum Podcast findest du unter den Tipps zur Vertiefung.

Ich bin mir fast sicher, dass das tiefe Brummen meines Diesels im Geländewagen auf den endlosen Pisten im Outback eine ähnlich positive Wirkung auf meine Konzentrationsfähigkeit hat.

~~~~~~~~~~~~~~~~~~~~~~~~~~~~~~~~~~~~~

Tool: Kälte

Der einfachste Weg ist die kalte Dusche. Am Morgen oder wann immer du deine Konzentrationsfähigkeit erhöhen möchtest und dir eine Dusche zur Verfügung steht. Kaltes Wasser löst eine moderate Stressreaktion aus, und die führt dazu, dass du dich besser konzentrieren kannst. Der Effekt hält rund eine Stunde an – also das ist was fürs Homeoffice, wenn du merkst, dass deine Aufmerksamkeit verloren geht. Eine bis fünf Minuten braucht es und das Wasser muss unangenehm kalt sein.

Die Buschdusche im Outback erfüllt diesen Zweck wunderbar. Danach ist man wach und frisch, konzentriert und bereit für das, was kommt.

~~~~~~~~~~~~~~~~~~~~~~~~~~~~~~~~~~~~~

Tool: Essen

Und zwar das Richtige und nicht zu viel. Du kennst vielleicht die Volksweisheit »Voller Bauch studiert nicht gern«. Wenn du gut, aber nicht zu viel gegessen hast, ist deine neuronale Leistungsfähigkeit besonders hoch. Frische (statt industriell verarbeitete) Lebensmittel wie Gemüse, Früchte, Nüsse (es gibt Nussmischungen, die sich aus gutem Grund »Studentenfutter« nennen), Fisch etc. machen dich fit. Koffein ist ebenfalls ein nachgewiesener Booster für unsere Konzentration. Je nach Koffeinintoleranz ist die Dosierungsempfehlung 100 bis 200 mg vor einer konzentrativen Höchstleistung – was einer Tasse Kaffee entspricht.

Möchtest du mehr über gesunde Ernährung erfahren? Hast du Lust darauf zu entdecken, welchen Einfluss das, was du isst und trinkst, auf deinen Körper, deinen Geist und damit deine Aufmerksamkeit und deine Fokussierungsfähigkeit hat? Dann empfehle ich dir *Der Ernährungskompass* von Bas Kast. Mehr musst du zum Thema Essen und Trinken nicht lesen. Die genaue Literaturangabe findest du wieder unter den Tipps zur Vertiefung.

Im Outback trinke ich viel Wasser. Morgens einen Schwarztee oder einen Kaffee. Ich esse Nüsse und Trockenobst, Gemüse und proteinreiche Kost wie Fleisch und Thunfisch (meist aus der Dose). Da der Platz im Geländewagen begrenzt und der Proviant berechnet ist, esse ich bei den einzelnen Mahlzeiten nicht zu viel. Das unterstützt die Konzentration.

Tool: Fokus-Meditation

Nur zehn Minuten Meditation am Tag wirken Wunder in deinem Gehirn. Das Zauberwort heißt: Neuroplastizität[*]. Konzentriere dich auf deinen Atem und auf eine Stelle wenige Zentimeter hinter der Stirn. Deine Aufmerksamkeit wandert natürlich immer wieder weg von der Atmung. Das ist kein Versagen, sondern bringt den gewünschten Trainingseffekt, wenn du deine Aufmerksamkeit wieder zurück auf Atem und Stirn lenkst. Du übst und verinnerlichst damit die Kunst des Refokussierens. Die Gelegenheit, dich immer wieder neu zu fokussieren, verbessert deine Konzentrationsfähigkeit – außerdem werden dein Schlaf, das Gedächtnis und deine Stimmung besser. Das meiner Meinung nach aktuell beste Buch zum Thema »Achtsamkeit und Meditation« habe ich von der englischen Psychologin Dr. Patrizia Collard gelesen: *Das kleine Buch vom achtsamen Leben.* Patrizia wurde u. a. von Jon Kabat-Zinn in Achtsamkeit ausgebildet. Die genaue Literaturangabe findest du unter den Tipps zur Vertiefung.

Jeden Tag, wenn ich meditiere, denke ich daran, wie ich im Outback am Lagerfeuer sitze und in die Flammen schaue. Das ist Fokus-Meditation pur.

---

[*] Neuroplastizität ist die Fähigkeit des Gehirns, seine Verbindungen entsprechend unserer Umwelt und Erfahrungen umzugestalten – das heißt, du lernst etwas Neues.

~~~~~~

Tool: Glotzen

Du hast richtig gelesen: Glotzen. Allerdings nicht auf Wasserkessel und auch nicht auf Bildschirme, sondern du starrst eine Stelle im Raum bewusst an (zum Beispiel die weiße Wand oder die Decke), hältst den Blick für 30 Sekunden bis drei Minuten und darfst dabei blinzeln. Dieser offene visuelle Fokus trainiert, wie die Fokus-Meditation, deine neuronalen Schaltkreise für einen immer länger einsetzbaren Fokus. Starte am besten mit 30 Sekunden und probiere es jeden Tag ein bisschen länger. Wenn du bei einer Aufgabe deine Konzentration verlierst, ist das ein schnelles Werkzeug, um deinen Fokus wieder zurückzuholen. Auf meinen Touren im Outback mache ich das ganz häufig automatisch – glotzen. Am Morgen starre ich beim Zähneputzen auf Bäume, bei der Pinkelpause auf der Piste starre ich auf Steine und am Abend starre ich immer wieder mit offenem Mund in den unendlichen Sternenhimmel.

~~~~~~

Probier's gleich mal aus. Mach mal was anders und mach dich nicht verrückt. Du musst nicht alle Werkzeuge kombinieren. Das wäre wenig effizient. Nutze die zwei oder drei Tools, die für dich am besten funktionieren. Das kann sich ändern, je nachdem, wie du dich gerade fühlst und welche Aufgaben zu erledigen sind. Und manchmal, wenn du hochmotiviert bist, mach einfach gar nichts davon. Das ist letztlich der angestrebte Zustand, den du mit den Werkzeugen erlernen möchtest.

Tara hat mir wieder bewusst gemacht, wie wichtig es ist, meine Aufmerksamkeit auf das zu konzentrieren, was für mich wirklich zählt. Und das nicht nur im Outback, wo es auf der Piste schnell gefährlich werden kann, sondern auch im Alltag, in dem mein Autopilot und die allgegenwärtige Ablenkung meine Aufmerksamkeit zerstreuen. Wenn ich heute merke, dass ich mich nur schwer fokussieren kann, atme ich durch, denke an das Wildpferd auf der Piste und an Tara, die zu mir sagt: »Wenn du hier draußen auf der Piste unterwegs bist, konzentrierst du dich am besten auf das, was wichtig ist – den Weg vor dir.« Dann nutze ich eines oder mehrere meiner Lieblings-Power-Tools und fokussiere mich wieder auf das, was wirklich zählt.

Dinge werden einfacher, wenn wir sie vereinfachen – Wir können nicht darauf warten, bis das Leben leichter wird

Es wird schon langsam dunkel, als ich mich mit einer Tasse Tee ans Lagerfeuer setze. Morgen habe ich eine schwierige Piste vor mir, und ich merke, wie mein Selbstvertrauen langsam schwindet, ob ich da heil durchkomme. Die Strecke von Hell's Gate Roadhouse nach Borroloola ist berüchtigt. 337 Kilometer ohne Versorgungspunkte. Scharfkantige Geröllpisten, viele Tiefsandpassagen, einige Flussdurchquerungen und Wellblech – von schweren Trucks ausgefahrene Strecken, auf denen man kaum lenken oder bremsen kann, wenn man zu schnell fährt. Nachdenklich schaue ich ins Feuer, als mir eine Stimme zuruft: »Hey, was ist los? Alles okay bei dir?« Anna, eine Tierärztin aus Queensland, setzt sich zu mir, und ich erzähle ihr von meiner morgigen Etappe und meinen Zweifeln. Da sagt sie zu mir: »Du kannst nicht darauf warten, bis du dich besser fühlst, bevor du die Strecke fährst. Du musst die Strecke fahren, um dich besser zu fühlen.«

Ich habe länger über Annas Worte nachdenken müssen, bis es klick gemacht hat. Vielleicht ist bei dir der Groschen schneller gefallen? Das Einzige, womit du einen Unterschied machst, ist »machen«. Wie oft kommst du abends erschöpft nach Hause, fällst auf die Couch und denkst: »Wenn ich mich nicht so erschöpft fühlen würde, dann würde ich noch eine Runde laufen gehen. Ich muss mich erst besser fühlen, dann kann ich aktiv werden«? Du wirst dich aber nicht besser fühlen, wenn du darauf wartest, bis du dich besser fühlst, bevor du etwas dafür tust, damit du dich besser fühlst. Das wäre so, wie wenn du hungrig darauf warten würdest, bis du dich nicht mehr hungrig fühlst, bevor du etwas einkaufst und kochst, damit du etwas zu essen hast – du musst essen, um satt zu werden, nicht darauf warten, bis du vom Warten satt wirst, bevor du etwas isst.

Und doch wollen wir oft darauf warten, bis wir uns gut fühlen, um etwas zu tun, wodurch wir uns gut fühlen würden. Wir warten darauf, uns selbstbewusst genug zu fühlen, bevor wir im Meeting etwas beitragen wollen, wodurch wir uns selbstbewusster fühlen würden. Wir hoffen und warten darauf, bis unser Leben leichter wird, bevor wir etwas tun, was unser Leben leichter machen würde. Wir wollen uns erst ein wenig fitter fühlen, bevor wir damit anfangen, uns morgens zehn Minuten zu stretchen, wodurch wir uns fitter fühlen würden. Und auf die lang erträumte Reise nach Kanada wollen wir uns auch erst begeben, wenn wir uns mutig genug dafür fühlen, auch wenn wir ahnen, dass sich der Mut auf Reisen erst entwickelt. Und so warten wir und warten und handeln nicht, weil wir das Spiel nach den falschen Spielregeln spielen – wir warten auf die »richtigen« Gefühle, bevor wir das »Richtige« tun – wodurch die »richtigen« Gefühle erst entstehen können.

Im Alltag gibt es viele Situationen, in denen du diese Kluft zwischen Gefühl und Aktion überspringen musst, um etwas an deiner Situation zu ändern – und um das zu erreichen, was du erreichen möchtest. Mit deinem Partner, wenn ihr euch gestritten habt und du darauf wartest, bis du dich gut genug fühlst, um miteinander zu reden, obwohl du eigentlich weißt, dass ihr miteinander reden solltet, damit du dich wieder besser fühlst. Im Job, wenn du dich gestresst fühlst und denkst: »Oh, wenn ich erst einmal weniger gestresst bin, dann mache ich den Englischkurs.« Du wirst aber nicht weniger gestresst sein, wenn du erst dann Englisch lernst, wenn du weniger gestresst bist. Und so weiter und so fort.

Gefühl folgt Aktion. Was kannst du tun, um dich so zu fühlen, wie du dich fühlen willst?

Wenn wir das Spiel nach den falschen Spielregeln spielen, funktioniert das nicht. Biologisch gesehen sind wir so programmiert, dass unsere Gefühle unserer Handlung folgen, nicht andersherum. Würdest du dein Englisch aktiv verbessern, wärst du weniger gestresst, weil du dann weniger lange für die Korrespondenz in Englisch benötigen würdest. Würdest du von der Couch aufstehen und spazieren gehen, wärst du weniger erschöpft, weil du frische Luft in den Lungen und ein wenig Bewegung in den Knochen hättest. Die Beispiele sind endlos. Das Prinzip ist immer das gleiche: Die Gefühle folgen der Handlung. Die goldene Regel, die auch du in Zukunft nutzen kannst, um dein Leben leichter zu machen, lautet: Gefühl folgt Aktion. Und die Frage, die dich weiterbringt, lautet: Was kannst du tun, um dich so zu fühlen, wie du dich fühlen möchtest?

Verstehst du? So ging es mir am Vorabend meiner Etappe von Hell's Gate Roadhouse nach Borroloola. Ich habe mich unsicher gefühlt, hatte Zweifel und Angst vor der berüchtigten Piste. Vielleicht habe ich auch die Anstrengung gescheut, von der ich wusste, dass sie auf mich zukommt, oder ich hätte mir noch mehr Erfahrungen und Fähigkeiten im Geländefahren gewünscht. Und ich war fast schon so weit, am nächsten Tag erst einmal nicht loszufahren, sondern noch zu warten, bis ich mich besser fühle. Vielleicht wäre ich nie gefahren, hätte ich Anna nicht getroffen. Ihre Worte hallen heute noch nach bei mir: »Du kannst nicht darauf warten, bis du dich besser fühlst, bevor du die Strecke fährst. Du musst die Strecke fahren, um dich besser zu fühlen.«

Erfahrung kommt von Fahren, nicht von Darüber-Nachdenken, wie gut ich mich fühlen muss, um zu fahren. Mehr Zutrauen in deine Fähigkeiten, in Englisch zu korrespondieren, kommt davon, dass du in Englisch korrespondierst. Dich sportlicher zu fühlen, kommt davon, dass du dich sportlich bewegst. Die Dinge werden dann einfacher, wenn du die Dinge vereinfachst.

Du wirst nur dann selbstwirksam, wenn du selbst wirksam wirst – das heißt, wenn du die Dinge tust und dadurch erfährst, dass du dazu fähig bist, diese Dinge zu tun. Wenn wir in unserer Kindheit und Jugend wenige dieser Selbstwirksamkeitserfahrungen gesammelt haben, vielleicht, weil unsere Eltern – die es gut gemeint haben – uns alles, was schwierig war, abnehmen wollten, trauen wir uns heute weniger zu, als wir uns zutrauen könnten. Dann haben wir oft das Gefühl, nichts selbst in der Hand zu haben und schwierige Situationen nicht erfolgreich bewältigen zu können. Das kann Angst auslösen, die uns daran hindert zu handeln.

Ganz anders, wenn wir in der Vergangenheit viele Situationen erlebt haben, in denen wir selbst wirksam werden konnten. Als Kind zum Beispiel, wenn unsere Eltern es uns erlauben, auf den Apfelbaum zu klettern, oder in der Schule, wenn unsere Lehrer uns dazu ermutigen, an einem Teichbauprojekt mitzuarbeiten. Im Freundeskreis, wenn wir häufiger hören, dass wir etwas können und es ausprobieren sollen, oder bei der Arbeit, wenn der Chef uns zutraut, ein Projekt allein durchzuführen. Wenn uns andere Menschen – besonders die, die wir mögen – zutrauen, Dinge zu tun, bei denen wir selbst uns unsicher sind, dann fällt es uns leichter, darauf zu vertrauen, selbst schwierige Aufgaben, Herausforderungen oder Probleme durch eigenes Handeln wirksam bewältigen zu können. Dann glauben wir an uns und an unsere Kompetenz. Wir fangen schneller an zu handeln, geben nicht so schnell auf und haben mehr Erfolg.

Aber selbst wenn wir bislang wenige selbstwirksame Momente in unserem Leben sammeln konnten, müssen wir nicht verzweifeln. Die gute Nachricht ist, dass wir in jedem Alter positive, selbstwirksame Erfahrungen sammeln und damit den Glauben an uns selbst und an unsere Fähigkeiten stärken können.

Möchtest du vielleicht schon seit ewiger Zeit ein Buch schreiben, aber wartest noch darauf, dass der richtige Moment mit dem richtigen Gefühl dafür kommt? Denke daran: Schreiben kommt von schreiben – und das richtige Gefühl dafür kommt beim Schreiben. Setze dich an deinen Küchentisch und fange an. Suche dir positive Vorbilder, Autorinnen und Autoren, von denen du gerne etwas liest, und recherchiere mal ein bisschen, wie die angefangen haben zu schreiben. Du wirst herausfinden, dass jeder Autor, der heute groß ist, klein angefangen hat – mit dem ersten Wort des ersten Satzes auf einem leeren Blatt Papier. Und mit einer ganzen Menge Selbstzweifel.

Oder träumst du schon lange davon, mit Rucksack und Zelt auf den wilden Wanderwegen Schwedens unterwegs zu sein, aber traust dich nicht so richtig? Warte nicht darauf, dass du dich mutiger fühlst. Fang damit an, bei dir vor der Haustür wandern zu gehen. Übernachte am Wochenende einmal auf dem nächstgelegenen Campingplatz. Sammle kleine selbstwirksame Erfahrungen, dass du das kannst, was du dir vornimmst. Und bald fühlst du dich durch die kleinen Abenteuer vor der Haustür mutig genug für das große Abenteuer Schweden.

Unterwegs in der Natur ist das Prinzip »Gefühl folgt Aktion« oft leichter zu verstehen. Hier draußen bestimmen die Logik der Elemente und des Überlebens, was zu tun ist. Wenn der Sturm kommt, können wir nicht darauf warten, bis wir uns sicher genug fühlen, um unser Zelt sicher zu verankern. Wir sichern unser Zelt, um uns selbst sicherer zu fühlen. Dämmert es schon, und wir geraten langsam in Stress, weil noch fünf anstrengende Kilometer zwischen uns und der Berghütte liegen, in der wir übernachten wollen, können wir nicht darauf warten, bis wir uns weniger gestresst fühlen, um die Strecke zu laufen. Wir legen den Weg zurück, um uns im Schutz der Hütte weniger gestresst zu fühlen, wenn es dunkel wird.

Im Alltag fehlt uns diese einfache »Überlebenslogik« häufig. Unser Alltag ist geduldiger, weil es hier nicht ums Überleben geht. Fühlen wir uns gestresst, verschieben wir den Englischkurs einfach – und fühlen uns weiterhin gestresst. Fühlen wir uns erschöpft, bleiben wir auf der Couch liegen – und fühlen uns weiterhin energielos. Und wenn wir uns nicht selbstbewusst genug fühlen, um im Meeting etwas zu sagen, dann sagen wir halt nichts – und fühlen uns weiterhin unsicher.

Das Problem dabei ist nicht etwa, dass wir nicht wüssten, was wir tun können, um uns so zu fühlen, wie wir uns fühlen wollen: gesünder, fitter, selbstbewusster, mutiger etc. Das Problem ist, dass wir ganz oft den ersten Schritt zu groß wählen wollen. Erschöpft auf der Couch denkst du an eine Stunde Fitnessstudio oder joggen und bleibst dann doch lieber liegen, weil du dich zusätzlich zur Erschöpfung auch noch überfordert fühlst. Gestresst im Job, stellst du dir einen Intensivkurs Business-Englisch vor und lässt es dann doch lieber sein, weil du dich dafür zu unsicher fühlst. Nach dem Streit über die Zahnpastatube glaubst du, über alles reden zu müssen, was in den letzten zehn Jahren in der Beziehung schiefgelaufen ist, und schweigst dann doch lieber, weil du Angst davor hast.

Fragst du dich gerade, wie du denn am besten anfangen könntest, selbstwirksame Erfahrungen zu sammeln? Ich kann dich beruhigen. Dafür gibt es eine bewährte Methode. Um in

Aktion zu kommen und deine Gefühle folgen zu lassen, hilft dir die Strategie der kleinen Schritte. Nutze die folgende Logik: Wähle den ersten Schritt nur so groß, dass du mehr Lust darauf hast, ihn zu gehen, als Angst oder Abneigung davor. Und dann gehe los und überbrücke die Kluft zwischen deinem Gefühl und der Aktion.

In welchen Situationen hast du in den letzten Tagen nicht gehandelt, weil du dich erst in einer bestimmten Art und Weise fühlen wolltest, bevor du etwas tust? Notiere dir wieder einige Stichworte dazu.

Situationen, in denen du nicht gehandelt hast	Wie du dich fühlen wolltest, bevor du gehandelt hättest

Und nun überlege dir konkret für eine der Situationen, die du notiert hast, wie klein das, was du machen möchtest, sein muss, damit du den ersten Schritt gehst – auch wenn du dich noch nicht so fühlst, wie du dich eigentlich dafür fühlen möchtest.

Im Meeting muss es zum Beispiel nicht gleich ein fünfminütiger Redebeitrag zur wirtschaftlichen Gesamtlage des Unternehmens sein, über den du nachdenkst. Eine einfache

Wortmeldung, dass du dem Vortragenden zustimmst, genügt erst einmal. Bist du erschöpft, dann gehe lieber zehn Minuten spazieren, als dich mit dem Gedanken an eine Stunde Joggen zu überfordern und auf der Couch liegen zu bleiben. Und es muss auch nicht gleich dreimal die Woche der Business-English-Intensivkurs sein, den du parallel zu einem anstrengenden Job absolvierst. Warum nicht einfach eine halbe Stunde mit einem Tandempartner via Video-Call nett auf Englisch quatschen und dabei dein Englisch verbessern?

Im Alltag können wir unsere eigene Überlebenslogik entwickeln und damit die Kluft zwischen Gefühl und Aktion leichter überbrücken lernen. Stelle dir dazu vor, wie du dich fühlen wirst, wenn du das getan hast, was du eigentlich tun möchtest, wozu du dich aber noch nicht »richtig« fühlst, bevor du es getan hast. Und dann wähle den ersten Schritt so klein, dass er für dich machbar ist.

Das bringt mich zu meiner vierten Outback-Erkenntnis: Wir können das Spiel nicht gewinnen, wenn wir nach den falschen Spielregeln spielen. Wenn du darauf wartest, bis du dich in einer bestimmten Art und Weise fühlst, bevor du etwas tust, dann kannst du lange warten. Nur wenn du in Aktion gehst, haben deine Gefühle eine Chance, zu folgen. Nur so kannst du die Kluft zwischen Gefühl und Aktion leichter überbrücken. Denke an die goldene Regel, mit der du dein Leben leichter machst: Gefühl folgt Aktion.

Nutze wieder die Einflussmöglichkeiten, die du hast: Verändere etwas an deiner Umgebung – dadurch verändert sich dein Verhalten automatisch. Oder ändere direkt etwas an deinem Verhalten. Die folgenden Tipps, die aus einem im Outback erprobten Vorgehen entstanden sind, werden dir dabei helfen.

Tipp: Zusammen geht vieles leichter – it's better together

Das ist eine tolle Methode für alle, die gerne unter Menschen sind. Überlege dir, was du in deinem Leben vereinfachen möchtest. Willst du weniger Zeug, kannst dich aber nur schwer von den Dingen um dich herum trennen und wartest noch immer darauf, dass das richtige Gefühl kommt, bevor du aktiv wirst? Dann suche dir gleichgesinnte Leute, die bereits positive Erfahrungen mit Ausmisten gemacht haben. Schau doch mal auf Facebook oder Google nach einer passenden Gruppe. Ist der erste Schritt getan, wirst du befreit aufatmen. Oder möchtest du dein Leben leichter machen, indem du selbst leichter wirst? Suche dir ein, zwei Mitstreiter in deiner Umgebung, die sich gesund ernähren und sich sportlich bewegen, und lass dich von ihnen inspirieren, dass und wie es möglich ist, den eigenen Lifestyle zu ändern und leichter zu werden.

Im Outback gilt das gleiche Prinzip. Die schwierigsten Pisten fährt man nicht allein. Am besten findet man jemanden, der die Piste schon einmal gefahren ist oder der viel Erfahrung hat, und lernt am Vorbild. Das können wir im Alltag genauso machen.

Doch nicht immer kann man darauf bauen, dass man eine unterstützende Begleitung findet. Manches muss man ganz allein für sich bewerten und entscheiden – zum Beispiel die

Frage, wie viel man sich auf einem neuen Weg zumuten kann, um nicht zu riskieren, vor Erschöpfung vorzeitig die Flinte ins Korn zu werfen. In dieser Situation kann dir der folgende Tipp wertvolle Unterstützung bieten.

~~~~~~

Tipp: Der Weg der kleinen Schritte

Überfordere dich nicht. Egal, was du anders machen möchtest – »anders« ist anstrengender als »so wie immer«. Deshalb wähle den ersten Schritt immer nur so groß, dass du mehr Lust darauf hast, ihn zu gehen, als du Angst oder Abneigung davor hast. Denke immer an die Kluft zwischen Gefühl und Aktion. Diese Kluft ist in unserer Wahrnehmung oft so groß, dass wir sie nicht überspringen können. Doch immer dann, wenn wir nicht auf die andere Seite springen können, können wir Brücken bauen, die die Kluft im wahrsten Sinne des Wortes überbrücken. Über das Prinzip der Miniveränderungen, den Weg der kleinen Schritte, erfährst du noch mehr im letzten Kapitel *Auf ins Abenteuer*.

~~~~~~

Im Alltag, in dem viele Anforderungen gleichzeitig an mir zerren, komme ich immer wieder an den Punkt, an dem ich hoffe, dass das Leben endlich leichter wird, damit ich mehr von den Dingen machen kann, die für mich wirklich wichtig sind. Und ich bin mir sicher, auch du kennst solche Tage, die nur so an dir vorbeifliegen und an denen du abends schlafen gehst in der Hoffnung, dass sich der ganze Stress bis zum Morgen in

Luft auflöst. Wenn es mir so geht, dann denke ich an Anna am Lagerfeuer und daran, was sie mir wohl zurufen würde: »Du kannst nicht darauf warten, bis dein Leben leichter wird, bevor du die Dinge tust, die für dich wichtig sind. Du musst die Dinge tun, die für dich wichtig sind, damit dein Leben leichter wird.« Und dann fange ich damit an, das zu tun, was wirklich zählt. Schritt für Schritt.

Der volle Terminkalender – Worum kümmern wir uns eigentlich den ganzen Tag?

Wenn ich am Lagerfeuer sitze, denke ich oft an Allan, den ich unterwegs getroffen habe. Er sucht leidenschaftlich gern Edelsteine im Outback – und hier draußen gibt es einige davon. Als ich Allan einmal fragte, wie sein Tag gelaufen ist, antwortete er mir: »Heute Morgen, als ich im Zelt aufgewacht bin, habe ich zu mir gesagt ›Alter Sack, du lebst noch‹ – und mir überlegt, wie kostbar die Zeit doch ist.« Allan ist über 70 und fährt durchs Outback, weil er es liebt.

Eigentlich ist es eine Binsenweisheit, und doch vergessen wir es immer wieder: Unsere Zeit auf dieser Welt ist begrenzt. Und Dinge werden dann kostbar, wenn sie begrenzt sind – so wie es Edelsteine sind. Die Zeit mit deinen Kindern, deinem Partner und deinen Freunden ist kostbar, weil sie nicht wiederkommt. Die Ruhe am Morgen ist kostbar für die wichtigen Dinge, bevor der Lärm des Tages sie verschluckt. Deine Träume, die du heute lebst, sind kostbar, weil das morgen vielleicht schon nicht mehr möglich ist. Und die Ideen, die du jetzt umsetzt, sind es auch, weil es deine Ideen sind – und jede Idee ihre Zeit hat.

Und doch schieben wir die kostbaren Dinge immer wieder auf. Stattdessen schauen wir zum fünften Mal die gleichen Nachrichten oder beantworten die zehnte unwichtige E-Mail, obwohl wir damit nichts ändern. Wir treffen uns schon wieder mit den Nachbarn, obwohl wir sie nicht mögen, oder ertragen den Spieleabend mit Bekannten, obwohl wir wirklich keine Lust dazu haben. Wir machen Überstunden, statt mit unseren Kindern zu spielen, und verschieben unsere Reisepläne noch einmal auf nächstes Jahr, weil da noch ganz, ganz dringend ... ja, was eigentlich ... zu erledigen ist? Es hört nie auf? Statt aus dem endlosen Fluss des Alltags auszusteigen und uns um die Dinge zu kümmern, die wir lieben, schieben wir wie Sisyphos den Felsblock immer wieder den Hügel hinauf – und klagen über Stress und Hektik und Zeitnot. Vielleicht ahnen wir dabei sogar, dass ein voller Terminkalender noch lange kein erfülltes Leben ist.

Die Zeit ist dabei gar nicht das Problem. Unser *Umgang* mit der Zeit ist das Problem. Der Tag hat 24 Stunden, und jede Stunde hat 60 Minuten – für jeden Menschen auf dieser Welt. Wir begreifen aber nur schwer, dass unsere Zeit Grenzen hat. Kennen Sie das Geheimnis erfolgreicher und zufriedener Menschen? Es ist nicht etwa, dass erfolgreiche und zufriedene Menschen mehr Zeit hätten, woher auch, sondern dass sie sich bewusst dafür entscheiden, wie sie ihre Zeit einsetzen – so wie Allan, der Edelsteine im Outback sucht, weil es sein Traum ist, genau das zu tun, und weil er weiß, dass er nicht ewig leben wird.

Und genau das kannst du in Zukunft auch. Überlege dir einmal, welche Dinge in deinem Leben begrenzt sind. Die Antwort auf diese einfache Frage zeigt dir, was für dich kostbar ist – was für dich wirklich zählt. Wenn du dich mehr um diese Dinge kümmerst, wird dein Leben von selbst einfacher und zufriedener.

Welche Dinge in deinem Leben sind begrenzt – und damit kostbar?

50 Facebook-Likes vorm Frühstück oder die Ruhe am Morgen bei einer Tasse Kaffee? Was davon ist begrenzt, das heißt, was davon ist nicht immer und überall im Überfluss zu haben und wird dadurch kostbar für dich? Schon wieder Überstunden auf der Arbeit oder heute, wie versprochen, mit deinen Kindern spielen? Der dritte Burger oder doch lieber nur einen Burger und einen Salat dazu? Ein romantisches Wochenende mit deinem Partner oder wieder zur Verwandtschaft zum Routinesonntagstee? Die Wohnung putzen, bevor du die erste Frühlingssonne auf dem Balkon genießt, und damit riskieren, dass dort keine Sonne mehr ist, wenn du endlich fertig bist mit dem Staub? Was ist kostbar für dich, weil es eben nicht immer

und im Überfluss zu haben ist? Was ist für dich, für deine Ziele und für deine Beziehungen kostbar?

Wie siehst du das? Wir alle kennen den Spruch »Danach ist man immer schlauer«. Ist die Frühlingssonne erst weg, wünschen wir uns, wir hätten die Wohnung später geputzt. Die Wohnung rennt uns nicht weg und auch der Staub ist ein treuer Begleiter. Sind die Kinder erst aus dem Haus, bereuen wir, nicht häufiger mit ihnen gespielt zu haben. Werden wir älter und die Knochen brüchiger, bedauern wir, dass wir früher nicht mehr auf Reisen gegangen sind. Und so weiter und so fort.

Im Alltag fällt es oft schwer, uns auf die Dinge zu besinnen, die begrenzt und damit kostbar für uns sind. Einen Grund dafür kennst du bereits: den Orientierungsreflex, der deine Aufmerksamkeit immer zum lautesten Knall in der Umgebung lenkt. Wie willst du dich auf das konzentrieren, was für dich wichtig ist, wenn es überall um dich herum knallt und kracht und bunte Luftballons platzen? Selbst wenn wir unsere Umgebung ein wenig mehr wie das Outback gestalten und auf *no reception* schalten, bleibt es eine Herkulesaufgabe für uns, dem Überfluss der Reize nicht in die Falle zu gehen. Denn unser Orientierungsreflex scannt die Umgebung aktiv auf alle auffälligen Dinge und du lässt dich dadurch automatisch ablenken. Und bist du erst einmal abgelenkt, fühlt sich das auch noch belohnend für dich an; und schon ist es aus mit Fokus auf das, was wirklich zählt.

Kommt dir das bekannt vor? Ja? Und möchtest du das ändern? Dann erzähle ich dir noch etwas über deine biologische Programmierung, worüber du staunen wirst. Wenn wir abgelenkt werden, zum Beispiel wenn wir unsere E-Mails und andere Mitteilungen checken oder wenn wir auf einen Benachrichtigungston, einen Anruf oder eine hereinkommende Mitteilung reagieren, dann setzt unser Gehirn einen kleinen Dopaminstoß frei. Dieser »Schuss« vermittelt uns ein angenehmes, anregendes Gefühl. Er stimuliert unsere Neugier und verursacht, dass wir sofort reagieren und antworten wollen – und es auch tun. Wir vergessen buchstäblich, womit wir eigentlich gerade beschäftigt sind, und unsere ganze Aufmerksamkeit fokussiert sich auf die neue Nachricht und bleibt dort haften.

Der Orientierungsreflex sorgt dafür, dass wir sofort aufs Smartphone schauen, wenn es Töne von sich gibt, vibriert, blinkt oder andere verrückte Dinge tut, um uns zu signalisieren, dass wieder eine Message reingekommen ist. Und der neue Spieler auf dem Feld, Dopamin, sorgt dafür, dass wir uns dabei gut fühlen. Deshalb wollen wir immer mehr davon – und können kaum aufhören, auf Bildschirme zu glotzen und Messages zu lesen und zu beantworten. Das Gleiche passiert, wenn wir laute, bunte Werbung sehen oder hören, die unsere Aufmerksamkeit anzieht und unser Dopamin sprudeln lässt. Ruckzuck stehen wir bei Mäckes in der Burgerschlange, im Supermarkt vorm Schokoladenregal oder kaufen bei Amazon das fünfte Gadget für unser Smartphone. *Instant gratification* nennen das die Psychologen: das unmittelbare Verlangen nach der schnellen Befriedigung. Unsere biologische Programmierung lässt uns da nicht raus: Das Tête-à-Tête von Orientierungsreflex und Dopamin hält uns ganz schön auf Trab.

Was vor einigen Zehntausend Jahren ein klarer Überlebensvorteil war, ist heute im Alltag ein Problem. Selbst wenn wir den Orientierungsreflex zähmen können, bleibt Dopamin eine echte Herausforderung für uns. Das Belohnungsgefühl, das wir spüren, wenn wir auf eine Mitteilung reagieren, in einen Burger beißen oder die (digitalen) Regale leer kaufen, ist einfach zu schön. Aktuelle Studien bestätigen, dass unser kontinuierliches Reagieren und Antworten auf E-Mails, Telefonanrufe, Text- und andere Mitteilungen eine große Auswirkung auf unser Gehirn hat. Unsere Aufmerksamkeitsspanne wird dadurch verkürzt, und das macht es uns nahezu unmöglich, im Auge zu behalten, was für uns wirklich zählt. Dann bleiben wir dopamingetriggert bei den bedeutungslosen Dingen kleben, anstatt uns um das zu kümmern, was für uns wirklich wichtig wäre. Und wir fühlen uns häufig gehetzt und sind unzufrieden.

Im Outback ist es einfacher, mit unserer biologischen Programmierung umzugehen – und das aus drei Gründen. Erstens, weil es hier ohne Empfang schlichtweg nicht so oft knallt. Wenn es knallt, dann hat es eine Bedeutung und dann sind unsere biologische Programmierung, unser Orientierungsreflex und das Dopaminsystem hilfreich, um zu überleben. Zweitens, weil hier draußen eigentlich alles begrenzt und damit kostbar für uns ist. Ob Wasser, Schatten, Proviant oder Feuerholz, ob Tageslicht zwischen Sonnenauf- und -untergang oder Menschen, die helfen, wenn Not am Mann oder der Frau ist – hier draußen in der Natur lernen wir schnell, mit dem, was wir haben, bewusst umzugehen, weil alles begrenzt und damit wertvoll für uns ist. Und drittens, weil uns die Natur zeigt, was wirklich wichtig ist und was nicht. Beispielsweise bei über 40 Grad Celsius und brennender Sonne: Wetten, dass du dir gern Schatten suchst oder dir selbst einen baust? Dass du ganz automatisch mehr Wasser trinkst, als wenn du am Schreibtisch sitzt, eine Mail nach der anderen abarbeitest und nicht ans Wassertrinken denkst? Draußen, bei 40 Grad Celsius, lässt du dich nicht davon abbringen, im Schatten etwas zu trinken.

In unserem Alltag ist das ganz anders. Wir essen zu viel, weil es zu viel Essen gibt. Wir trinken zu viel Softdrinks, Alkohol und Kaffee, weil es zu viel davon zu trinken gibt. Wir treffen uns zu viel mit Menschen, die wir nicht mögen, weil es zu viele Menschen gibt, von denen wir zu viele nicht mögen. Wir kaufen uns zu viel Zeug, das wir nicht brauchen, weil es zu viel Zeug gibt, das wir kaufen können. Vieles davon, was wir zu viel machen, wird über zweidimensionale Prozesse auf Bildschirmen getriggert, auf die wir zu viel glotzen, weil es zu viele Bildschirme gibt.

Das ganze »Zuviel« ist für uns, für unsere Ziele und für unsere Beziehungen nicht wichtig. Es macht keinen wertvollen Unterschied, ob wir das fünfte Kleid kaufen, das wir nicht anziehen, den 50. Facebook-Post von jemandem liken, den wir nicht einmal kennen, oder den vierten Burger verschlingen. Das alles gibt es im Überfluss. Wir können uns auch 50 neue Kleider in den Schrank hängen und nicht anziehen, 500 Facebook-Posts liken oder zehn Burger essen – und dafür noch mehr Zeit vergeuden und noch mehr Geld ausgeben und noch mehr auf die schlanke Linie und unsere Fitness verzichten.

Wir können uns aber auch dafür entscheiden, uns mehr um die Dinge in unserem Leben zu kümmern, die für uns kostbar sind, weil sie begrenzt sind. Welche Dinge sind das in deinem Leben? Was ist für dich kostbar, weil es begrenzt ist? Privat: Ist das die Zeit, die du mit deinem Partner oder deinen Kindern verbringst, oder sind es die fünf ruhigen Minuten am Morgen, die nur dir gehören? Sind es einige Minuten Bewegung am Abend, die dich den Tag gut abschließen lassen, oder ist es der ruhige, erholsame Schlaf in der Nacht, der für dich wertvoll ist? Und was ist für dich im Job kostbar, weil es begrenzt ist? Sind es die wenigen Gespräche mit dem Chef, in denen du dich und deine Leistung sichtbar machen kannst und die dich beruflich weiterbringen? Oder im Sport: Ist es die seltene Gelegenheit, beim jährlichen Vereinsturnier unter die ersten drei Sieger zu kommen? Denke auch an die Dinge, von denen du insgeheim schon lange träumst, und daran, was du heute ganz konkret dafür machen kannst, wenn du dir die kostbare Zeit dafür nimmst. Notiere dir einige Stichworte dazu.

Notiere dir auch einige Dinge, die in deinem Leben im Überfluss vorhanden sind. Was kannst du immer und überall haben? Beispielsweise 24/7 YouTube, Insta, TikTok & Co., die dich davon ablenken, für das Vereinsturnier zu trainieren. Oder rund um die Uhr Zucker und Fett in den schönsten Verpackungen und dabei die wertvolle Gesundheit aus den Augen verlieren. Abarbeiten bis der Arzt kommt und dabei vergessen, dass die Gespräche mit dem Chef selten und wichtig sind, wenn du beruflich vorankommen möchtest. Oder »Friends« auf Facebook, bis dein WLAN glüht, und dabei übersehen, dass du deinen besten Freund aus Schultagen schon seit Langem nicht mehr getroffen hast. Schreibe dir auch dazu einige Punkte auf. Wenn du das Gefühl hast, dass du ja eigentlich ganz anders bist und eigentlich viel lieber ganz andere Dinge tun würdest, aber leider nur so selten dazu kommst, dann wird diese Übung dir dabei helfen, das zu ändern.

Welche Dinge in deinem Leben sind begrenzt?	Welche Dinge in deinem Leben sind im Überfluss vorhanden?

Und jetzt prüfe dich einmal selbst. Was wäre, wenn du dich weniger um die Dinge kümmerst, die im Überfluss vorhanden sind, und deine Zeit bewusst mehr für die Dinge einsetzt, die du als knapp erlebst? Du kannst dich nicht um alles kümmern, denn dafür reichen deine wertvolle Zeit und Energie nicht aus. Aber du kannst unterscheiden, worum du dich mehr und worum du dich weniger kümmern möchtest!

Das bringt mich zu meiner fünften Outback-Erkenntnis: Unser Gehirn kann mit Überfluss nicht gut umgehen. »Immer« ist zu oft und »alles« ist zu viel. Wenn von etwas zu viel da ist – zu viel Arbeit, zu viel TikTok, zu viel Posts, zu viele Nachrichten, zu viele Informationen, zu viel Zeit, zu viel Schokolade oder zu viele Schnitzel etc. –, verlieren wir uns sehr wahrscheinlich darin. Dann essen wir zu viel, informieren uns zu viel, arbeiten zu viel oder tikToken und instagrammen zu viel etc. Denn unser Orientierungsreflex lässt uns auf alles glotzen, was bunt ist und knallt, und unser Dopamin sorgt dafür, dass wir immer mehr davon wollen – und fast willenlos dem unmittelbaren Verlangen nach der schnellen Befriedigung nachgeben.

Das heißt aber nicht, dass du zum Eremiten werden musst, um dein Leben zu vereinfachen und zufriedener zu werden – obwohl das einer von mehreren erprobten Wegen ist. Um es dir leichter zu machen, zu unterscheiden und dich zu entscheiden, worum du dich mehr kümmern möchtest, kannst du die folgende Überlegung nutzen:

~~~~~~~~~~~~~~~~~~~~

Tipp: Edelsteine im Outback

Es ist absolut großartig, dass wir in einer Zeit leben, in der wir so viele Möglichkeiten haben wie noch nie zuvor, und wir auswählen können, was wir tun und was wir haben wollen. Aber genau das musst du auch tun. Du musst unterscheiden und auswählen. Was ist für dich wichtig und was nicht? Nur so kannst du dich entscheiden, wie viel du dich um bedeutungslose Dinge und wie viel du dich um die Dinge kümmerst, die für dich, für deine Beziehungen und für das, was du erreichen möchtest, wirklich zählen.

Die Schlüsselfrage dazu lautet: Welche Dinge in deinem Leben sind begrenzt? Was ist nicht immer und überall zu haben? Deine Antwort auf diese Frage zeigt dir, was wirklich kostbar für dich ist. Wenn du dich darum ein wenig mehr kümmerst, wird dein Leben automatisch leichter und du zufriedener.

~~~~~~~~~~~~~~~~~~~~

Von Allan habe ich gelernt, dass Dinge dann kostbar werden, wenn sie begrenzt sind. Wenn ich morgens zu Hause im Bett oder im Zelt im Outback aufwache, dann überlege ich mir oft, welche meiner Aufgaben und Beziehungen mir am wichtigsten sind und wofür ich meine Zeit heute einsetze. Und insgeheim denke ich mir »Alter Sack, du lebst noch« und erinnere mich mit einem Lächeln an Allan, der gerade in diesem Moment ganz sicher da draußen im Outback unterwegs ist und Edelsteine sucht.

Ein Rucksack voller Zeug – Das Wesentliche ist leicht

Hast du auch viel Zeug und manchmal das dringende Bedürfnis auszumisten? Fernöstliche Weisheitslehrer sagen ja: Je mehr du hast, desto mehr musst du dich sorgen. Das klingt logisch, einleuchtend und einfach. Aber wir sind alle Kinder unserer Zeit und unserer Welt, und wir sind konditioniert darauf zu glauben, dass wir immer mehr und größer und neuer und glänzender brauchen – und dass wir damit erfolgreicher und glücklicher seien. Da mag es sich exotisch anhören zu denken, dass weniger mehr sein kann, dass weniger Zeug mehr Freiheit, mehr Zufriedenheit, mehr Einfachheit und mehr Leichtigkeit bedeuten kann. Während ich das erzähle, denke ich an Matt.

Ich bin mal wieder im Outback unterwegs, im nördlichen Australien, als ich Matt treffe. Es ist früher Abend, als ich mein Camp unweit eines Wasserlaufs aufbaue, an dem auch Matt campiert. Als ich den Campingtisch in Position bringe und meine Küchenutensilien daraufpacke, sage ich gedankenverloren vor mich hin, dass der Tisch größer sein könnte. Matt, der als Controller in Perth arbeitet, wenn er nicht gerade im Outback auf Tour ist, fragt mich: »Wann hat der Tisch damit angefangen, zu klein zu werden?«

Wow, welch eine Frage! Ich denke über seine Worte nach. Der Tisch ist so groß, wie er immer war. Mit dem Schrumpfen hat er begonnen, als meine Ansprüche größer wurden – ein größerer Gaskocher, eine Outdoor-Laterne, ein Kühlschrank im Geländewagen und dadurch mehr Lebensmittel, für deren Zubereitung ich mehr Geschirr benötige. Dazu noch ein größerer Wasserkanister und ein Tischabfalleimer.

Alles sinnvolle Sachen, magst du denken. »Aber ist dem wirklich so?«, frage ich mich. Unbewusst habe ich schon auf meinen letzten Touren durchs Outback gemerkt, dass mich irgendetwas stört. Ständig dieses Herumräumen. Gefühlt eintausend Handgriffe, um mein Camp aufzubauen – was irgendwann früher mal fünf Minuten gedauert hat –, statt einfach: ankommen, Zelt aufbauen, Feuer machen und eine Tasse Tee trinken, während ich die Natur genieße.

Ist es nicht erstaunlich, wie schnell man das Wichtige aus den Augen verliert? Wenn ich mich einmal auf das besinne, was für mich wirklich wichtig ist, dann ist das nicht etwa ein zweiter Wasserkessel auf einem größeren zweiflammigen Gaskocher, um die Möglichkeit zu haben, mir gleichzeitig Tee und Kaffee zu machen. Ich trinke nicht parallel Kaffee *und* Tee. Was für mich wirklich zählt, ist die Leichtigkeit, nach einem langen Reisetag auf der Piste bei einer Tasse Tee *oder* Kaffee die Ruhe der Natur zu genießen – und dafür nicht erst eineinhalb Stunden herumräumen zu müssen.

Mit den Jahren und den Reisen hat sich meine Ausrüstung gefühlt verdoppelt. Größeres Zelt, größere Outdoor-Matratze, größerer Campingstuhl, größere Gasflasche, mehr Kleidung, mehr Proviant, mehr Zeug. Aber warum eigentlich? Ich bin nicht größer oder dicker geworden als früher. Mein altes

Zelt, meine Matratze und der Campingstuhl waren groß genug. Ich esse auch nicht mehr als früher. Die Gasmenge und der Proviant, die ich für meine Touren berechne, sind und waren immer ausreichend. Es muss nicht mehr zu essen sein, was ich dann wieder mit nach Hause nehme. Und es hat sich auch nichts daran geändert, dass ich im Busch nur eine überschaubare Anzahl an Kleidungsstücken benötige. Warum also sieht mein Geländewagen jetzt aus wie ein Umzugstruck?

Matt reist mit leichtem Gepäck. Als wir am Lagerfeuer sitzen, erzählt er mir, dass er den Punkt, an dem ich gerade bin, sehr gut kennt. Auch er hat vor einigen Jahren bemerkt, dass sein Geländewagen langsam, aber sicher zu klein wurde für all das Zeug, das er ins Outback und wieder mit nach Hause geschleppt hat – ohne mehr als die Hälfte davon je wirklich zu brauchen. Matt erzählt mir, dass ihn damals auf einer holprigen Piste ein Campingstuhl fast ohnmächtig geschlagen hat, als er scharf bremsen musste und der Stuhl von hinten nach vorn rutschte. Danach hat er den Entschluss gefasst: So geht es nicht weiter. Seither nimmt Matt auf Reisen nur noch mit, was er wirklich braucht. Nicht weniger – aber auch nicht mehr. So wie das am Anfang war, als er gut durchdacht und gut gepackt ins Outback aufgebrochen ist. Seine Philosophie ist einfach: Dein Leben wird nicht dann leichter, wenn nichts mehr in deinen Geländewagen passt, sondern dann, wenn du von dem, was du mitnimmst, nichts weglassen kannst.

Kennst du das auch? Vielleicht morgens, wenn du vor dem vollen Kleiderschrank stehst und nichts zum Anziehen findest? Oder wenn du in die Garage gehst und dir denkst, dass man darin eigentlich auch bequem ein Auto parken könnte, wenn nicht alles voll mit Kisten stehen würde, deren Inhalt du seit Jahren nicht mehr angeschaut hast? Oder in der Küche, wenn du vier Pfannen und drei Töpfe beiseiteräumen musst, um an die Teller zu kommen, aus denen du gerne essen möchtest? Hast du dich schon einmal gefragt, wann deine Schränke damit angefangen haben, zu klein zu werden – oder deine Garage, das Kinderzimmer, die ganze Wohnung oder das ganze Haus?

Wir machen uns das Leben kompliziert und schwer, indem wir über die Zeit ganz unbewusst mehr und mehr Zeug in unseren Rucksack packen. So wie ich in meinen Geländewagen auf meiner Tour durchs nördliche Australien. Und wir wundern uns, dass wir davon Rückenschmerzen bekommen. Mehr Geschirr in der Küche, mehr Kleider im Schrank, mehr Kisten in der Garage, mehr Spielzeug im Kinderzimmer, mehr Zeug, von dem wir denken, dass wir es brauchen und dass es unser Leben leichter machen würde. Und wir merken oft spät oder gar nicht, dass das Gegenteil der Fall ist.

Prüfe einmal, welchen **Unterschied** es macht, ob du etwas **besitzt** oder **nicht.**

Oft braucht es einen Anlass, so wie bei Matt der Beinahe-unfall mit dem Campingstuhl, um uns daran zu erinnern, was uns eigentlich wirklich wichtig ist. Aber müssen wir wirklich so lange warten, bis uns vielleicht eine Kiste in der Garage oder ein Möbelstück in unserer Wohnung fast erschlägt? Wenn du ein leichteres Leben willst, dann kannst du heute, gleich hier und jetzt, überlegen, was von dem Zeug, das du besitzt, einen Unterschied für dich macht. Welche Dinge, die du besitzt, würdest du ehrlich vermissen, wenn sie nicht mehr da wären?

Trägt der Inhalt deines Kleiderschranks dazu bei, dass du deine Ziele leichter erreichst? Macht die Anzahl der Spielsachen, die deine Kleinen im Kinderzimmer horten, einen Unterschied für deine Beziehung zu deinen Kindern? Verbessert sich deine Lebensqualität, wenn die Kisten in der Garage, in denen sich alte Kleidungsstücke, Zweittoaster, Drittwasserkocher, Restgeschirr und alte Smartphones der letzten fünfzehn Jahre befinden, vor sich hin stauben – und du dein Auto auf der Straße parkst?

Dabei ist das ganze Zeug, das wir kaufen können, nicht das Problem. Wir leben glücklicherweise immer noch in einem Land und zu einer Zeit, in der es uns an nichts mangelt. Und es gibt ganz wunderbare Dinge, die unser Leben leichter machen. Das Problem ist nur, dass wir so schwer Balance halten können zwischen dem, was möglich ist, und dem, was nötig ist. Wir denken, dass wir etwas brauchen, und schon ist es bei uns zu Hause. Bevor wir richtig nachgedacht haben, ob wir das Zeug wirklich benötigen und dafür Geld ausgeben wollen, das wir erst verdienen müssen, ist es schon im Warenkorb, und die Euros sind von unserem Konto abgebucht.

Es sind wenige Dinge, die in unserem Leben einen wertvollen Unterschied machen, die für uns wirklich wichtig sind. Das Wesentliche ist leicht. Wenn wir in der Natur unterwegs sind, zum Beispiel auf einer Wanderung, einem Roadtrip oder im Outback, erkennen wir schneller, was wir wirklich brauchen und was nicht. Der Platz im Rucksack oder im Auto ist begrenzt, und beim täglichen Tun sehen wir sofort, was nützlich ist und was nicht.

Im Alltag ist das anders. Unsere Wohnungen und Garagen sind geduldig und haben ein unglaubliches Fassungsvermögen. Das erkennen wir oft erst dann, wenn wir umziehen und uns fragen, wann und wie eigentlich so viel Zeug in unsere vier Wände gefunden hat. Aber wir müssen nicht auf den nächsten Umzug warten, um uns zu erleichtern. Weißt du eigentlich, was du alles dein Eigentum nennst und was davon du wirklich brauchst – was wirklich einen wertvollen Unterschied für dich, für deine Ziele und für deine Beziehungen macht? Überlege einmal. Fange an einer Ecke an, vielleicht in der Garage oder mit dem Küchenschrank, und gehe dann am besten systematisch dein ganzes Hab und Gut durch.

Was ist in den Schränken in deiner Küche?	Welchen Unterschied macht das Zeug in den Schränken?

Wir können auch im Alltag mit leichterem Gepäck reisen. Wenn wir lernen zu unterscheiden, was von dem, was wir besitzen, einen Unterschied in unserem Leben macht – und was nicht.

Das bringt mich zu meiner sechsten wichtigen Outback-Erkenntnis, wie es dir leichter gelingt, dich aufs Wesentliche zu fokussieren: Alles, was neu, mehr, größer und glänzender ist als das, was du hast, triggert in deinem Gehirn einen starken Ich-will-das-haben-Impuls. Dafür verantwortlich ist dein Dopaminsystem. Darüber hast du schon etwas im vorhergehenden Kapitel *Der volle Terminkalender* erfahren. Dem Impuls zu widerstehen, das Neue, Größere, Glänzendere und immer mehr davon kaufen zu wollen, ist ganz schön herausfordernd – selbst wenn du weißt, dass du hart für das Geld arbeitest, das du eigentlich smarter ausgeben könntest als für Zeug, das du nicht wirklich brauchst.

Um dein Leben leichter zu machen, musst du aber nicht zum Minimalisten werden und allem weltlichen Hab und Gut abschwören. Es gibt so viele wunderbar nützliche Dinge, die unser Leben so viel leichter machen – und das ist gut so. Was du machen kannst, ist einfach. Fokussiere dich darauf, was dir wirklich wichtig ist und was dich im Leben weiterbringt. Frage dich selbst ganz ehrlich, wofür du etwas kaufen willst oder wofür du etwas in deinen Schränken aufbewahrst. Der Zweck deiner Existenz ist es ja nicht, Dinge zu kaufen und das Zeug aufzubewahren, oder? Nutze die beiden folgenden Methoden, um deinen Rucksack und damit dein Leben im wahrsten Sinne des Wortes zu erleichtern und dein Leben damit zu vereinfachen.

Tipp: Schlafe erst mal drüber

Lerne zu unterscheiden, bevor du etwas kaufst, inwieweit das, was du haben möchtest, einen wertvollen Unterschied für dich macht oder nach dem Kauf doch nur zu bloßem Zeug wird, das ganz hinten im Küchenschrank oder in einer Box in der Garage endet. Hilft dir das, was du haben möchtest, um dein wichtiges Ziel zu erreichen? Trägt es etwas zu deinen Beziehungen bei? Oder ist es vielleicht nur eine schnelle Dopaminausschüttung, die dich dazu treibt, etwas kaufen zu wollen?

Ein simpler Trick, der dir bei dieser Unterscheidung hilft, ist: Schlafe eine Nacht darüber, bevor du etwas kaufst. Wenn dein Verlangen, »es« haben zu wollen, am nächsten Tag noch immer so groß ist, dann kauf es dir.

Im Outback gibt es ganz offensichtlich wenig zu kaufen. Aber glaube mir, die Outdoor-Shops, bevor das Outback beginnt, sind voll von verlockenden Dingen, denen man kaum widerstehen kann. Und schnell hat man dann doch den größeren Kühlschrank, das größere Zelt und den größeren Tisch an Bord und wundert sich, warum der Geländewagen so voll ist. Da braucht es häufiger die Erinnerung an Matt und das Gespräch am Lagerfeuer, um zu erkennen, was wirklich zählt. Die Eine-Nacht-darüber-schlafen-Technik hilft mir zusätzlich dabei zu unterscheiden, was wirklich wichtig ist. Und auch die Frage, ob mir das, was ich kaufen will, fehlen würde, wenn ich es nicht dabeihätte, ist sehr hilfreich.

Es ist eine Sache, ob man sich angewöhnt, jede Kaufentschei-
dung zunächst einmal zu überschlafen, eine andere ist jedoch
die Frage, was man mit all den großen und kleinen Besitz-
tümern anstellen soll, die wir uns bereits ohne Test-Schlaf in
unser Leben geholt haben und die uns jetzt belasten.

Tipp: Spielerisch ausmisten

Ist das Zeug schon da und blockiert es deine freien Gedanken und Ideen, deine Garage oder den schnellen Griff
zu deinen Lieblingstellern im Küchenschrank, dann hilft dir
eine andere Strategie. Um mehr Platz in deiner Wohnung,
der Garage und deinen Schränken zu schaffen, für das,
was wirklich zählt, kannst du dein ganzes Zeug einmal aus-
packen. Überfordere dich nicht. Am besten fängst du mit
einem Schrank an. Lade dir Freunde dazu ein oder kreiere
ein Spiel mit deinen Kindern daraus. Das macht mehr Spaß.
Und wenn das ganze Zeug – zum Beispiel aus dem Küchenschrank – vor dir am Boden liegt, kannst du einmal überlegen, wann du es zuletzt benutzt hast. Ist das länger als
ein, zwei oder vielleicht sogar drei Jahre her? Dann weg
damit. Mach deinen Rucksack leichter. Verkauf das Zeug,
das du nicht brauchst, online oder vielleicht auch auf dem
Flohmarkt, das kann Spaß machen und bringt noch ein paar
Euro. Oder verschenke die Dinge, die du nicht mehr nutzt,
und mache anderen Leuten damit eine Freude. Alles, was
wirklich nicht mehr zu gebrauchen ist, kannst du getrost
wegwerfen. Es gibt viele hilfreiche Tipps zum Ausmisten.

Eines der besten Bücher zum Thema »Ausmisten« stammt von der Japanerin Marie Kondo: *Magic Cleaning*. Darin entdeckst du viele sehr nützliche Tipps, wie du in deinen Schränken und damit in deinem Leben Ordnung schaffen kannst. Die genaue Literaturangabe findest du unter den Tipps zur Vertiefung.

~~~~~~

Hin und wieder telefoniere ich mit Matt. Dann lachen wir gemeinsam darüber, wie vollgepackt unsere Geländewagen einst waren. Von Matt habe ich gelernt, dass das Wesentliche leicht ist. Er hat mir die Augen geöffnet, dass es nicht die Dinge in unserem Besitz sind, die sich verändern und die zu klein werden, sondern dass es unsere Ansprüche sind, die größer werden. Und dass wir uns fragen können, ob etwas, das wir kaufen und besitzen wollen, unser Leben leichter oder schwerer macht. Heute reise ich wieder mit leichtem Gepäck und noch immer mit meinem kleinen Campingtisch durchs Outback – und ich freue mich jedes Mal, wenn ich nach einer langen Fahrt einfach mein Zelt aufschlage, Feuer mache und bei einer Tasse Tee die Natur genieße.

Platz machen für das, was wirklich zählt – Wenn weniger mehr ist

Als wir am Lagerfeuer sitzen, frage ich Tom, ob sein Leben hier draußen nicht ziemlich karg ist. Als Ranger im Nationalpark im Nordwesten Australiens lebt und arbeitet er weit abgeschieden vom Rest der Welt. Um einzukaufen, fährt Tom eineinhalb Tage mit seinem Geländewagen durch den Busch – und eineinhalb Tage wieder zurück. Er wohnt mit seiner kleinen Familie, seiner Frau Hanna, Tochter Lilli und Sohn Felix, auf der Rangerstation. Sieben Tage die Woche fährt er raus ins Gelände und schaut, ob alles in Ordnung ist – ein Leben in und mit der Natur. Tom lächelt und antwortet mir auf meine Frage: »Ich habe weniger von dem, was ich sowieso nicht brauche, dafür mehr von dem, was mich glücklich macht.«

Im Outback sind viele Dinge so klar. Wichtig und unwichtig sind klar zu unterscheiden. Was zählt wirklich für dich? Die Gesundheit deiner Kinder und Erfolg im Job, genug zu essen im Kühlschrank, Kunst und Kultur oder Sport und Natur, Urlaub oder tägliche Freizeitaktivitäten oder etwas anderes? Und wie voll müssen deine Schränke, dein Terminkalender, dein Adressbuch und dein Kopf dafür sein, um das zu leben, was für dich wirklich zählt?

Wenn du ganz ehrlich zu dir selbst bist: Wäre es möglich, dass du gar nicht zu wenig Zeug oder zu wenig Zeit hast und auch nicht zu wenig Leute kennst, sondern dass das Gegenteil der Fall ist? Oft haben wir viel zu viel Zeug, das wir nicht brauchen, zu viel Zeit, die wir nicht nutzen, und kennen zu viele Leute, die wir nicht wirklich spannend finden – und die mit uns und dem, was uns wirklich wichtig ist, herzlich wenig zu tun haben. Oft wissen wir das alles sogar und auch, dass uns dieses Zuviel eigentlich gar nicht guttut. Und doch sind wir von morgens bis abends mit tausend Dingen beschäftigt, um das Zuviel zu managen, statt Platz zu machen für das, was wirklich für uns zählt.

So ist das mit ziemlich vielen Dingen. Wir haben einfach keinen Platz dafür. Es ist von vielem zu viel da. Obwohl wir wissen, dass zu viel Gepäck auf einer Wanderung Rückenschmerzen verursacht, zu viele Verabredungen unfrei machen, zu viel arbeiten unproduktiv macht und so weiter. Ich wette, du kennst die Situation im Job, wenn du dich in eine Aufgabe verbeißt und vollkommen vergisst, zur Toilette zu gehen, etwas zu trinken oder Pause zu machen. Erst wenn du so verspannt bist, dass dein Kopf brummt und nichts mehr geht, merkst du, dass eine Pause vor zwei Stunden keine schlechte Idee gewesen wäre. Wissenschaftliche Studien dazu gibt es genug: Wer mehr schaffen will, muss weniger arbeiten und mehr Pausen machen. Nur so behältst du die volle Kraft und Konzentration für den ganzen Tag. (Um deine Konzentrationsfähigkeit zu steigern, kannst du auch die sechs Power-Tools nutzen, die ich dir im Kapitel *Volle Aufmerksamkeit* vorstelle.)

Eins ist klar: Du veränderst nur dann etwas in deinem Leben, wenn du etwas anders machst als bisher. Fange heute damit an. Mach doch mal Platz für das, was dir wirklich wichtig ist.

Starte vielleicht in der Garage: weniger Kisten mit unnützem Zeug, dafür mehr Platz für dein geliebtes Mountainbike. Oder in deinem Kalender: weniger Termine mit Leuten, die du sowieso nicht magst, dafür mehr Zeit für dich, deine Hobbys, deine Familie und den beruflichen Erfolg. Mach auch Platz in deinem Kopf: weniger Sorgen, Erwartungen und Grübeleien, dafür mehr Freiheit für deine Ideen und Träume. Wie hört sich das an? Warte, es geht noch weiter und wird noch besser. Mach Platz im Job: weniger lange arbeiten, dafür mehr erreichen. In der Beziehung: weniger angestrengt überzeugen wollen, dafür sich besser verstehen. Bei der Hausarbeit: weniger lange putzen, und das Haus ist dennoch sauber. Die Beispiele sind zahlreich. Das Prinzip ist immer das gleiche: Weniger ist mehr.

Mach Platz für das, was wirklich zählt – dann wird dein Leben leichter.

Möchtest auch du in Zukunft mit weniger mehr erreichen, ganz egal, in welchen Bereichen deines Lebens – ob im Job oder in der Beziehung, beim Hausputz oder bei der Steuererklärung, im Sport oder in der Musik oder einem anderen Hobby? Vertraue mir, dein Leben wird leichter, wenn du Platz machst für die Dinge, die dir wirklich wichtig sind.

Platz machen für das, was wirklich zählt, bedeutet nicht weniger von dem, was du hast, sondern mehr von dem, was dich glücklich macht. Das ist ein zentraler Punkt. Denn wer will schon weniger im Leben! Damit kommen unser Gehirn und manchmal auch unser Ego nicht gut klar. Deshalb ist es so wichtig, dass du dich auf das konzentrierst, was du willst, nicht etwa auf das, was du nicht willst.

Ich bin mir sicher, dass auch du im Alltag schon häufiger erlebt hast, wie das Prinzip »Fokussiere dich auf das, was du willst, nicht auf das, was du nicht willst« funktioniert. Vermutlich war dir das in den entsprechenden Situationen gar nicht so bewusst. Vielleicht, als du dich nach der Arbeit um fünf Uhr mit einer neuen Flamme verabredet hast und den ganzen Tag effektiv und effizient arbeiten konntest, weil du wusstest, dass um vier Uhr Schicht im Schacht ist, damit du dich vor deinem Date noch frisch machen kannst. Normalerweise sitzt du mindestens bis sechs im Büro und schaffst nicht halb so viel, weil du mehr Zeit hast. Das Prinzip: Fokussiere dich auf das, was dir wichtig ist (hier: dein Date), dann erreichst du mit weniger arbeiten mehr Ergebnisse.

Oder vielleicht beim letzten Streit in der Beziehung, als du – vermutlich warst du müde – einfach mal weniger gesagt und mehr zugehört hast. Und plötzlich fühlte sich dein Partner verstanden, du hast tatsächlich zum ersten Mal etwas besser begriffen, die Auseinandersetzung war beendet und ihr hattet einen schönen Abend. Gleiches gilt, wenn du dich in einer Situation, die dich ärgert, schon einmal bewusst dafür entschieden hast, dich weniger aufzuregen. Ärgern ändert ja nichts. Wenn du dich weniger ärgerst, kannst du mehr denken und handeln, um etwas an der Ursache des Ärgers zu verändern. Überlege mal, vielleicht hast du das Prinzip auch schon im Sport erlebt, als du dich getraut hast, einfach mal draufloszuschießen, und der Ball ins Tor ging. Weniger fürchten, mehr wagen.

Stelle dir immer vor, wovon du mehr willst. Zum Beispiel: mehr Tore schießen. Damit kann dein Gehirn etwas anfangen. Und dann mache mehr dafür, mehr Tore zu schießen – statt etwas dagegen tun zu wollen, dich davor zu fürchten.

Und wie ist das im Outback? Trotzdem das Leben hier draußen hart ist, scheinen die Dinge leichter zu sein. Vielleicht liegt es wirklich daran, dass die Menschen hier einfach nicht so viel von dem haben, was sie sowieso nicht brauchen, und sich stattdessen mehr um das kümmern, was sie glücklich macht – so wie Ranger Tom. Für ihn ist das, was ihn glücklich macht, seine Liebe zur Natur und zu der Bewegung an der frischen Luft. Seine Aufgabe, sich um die wunderbaren Pflanzen- und Tierarten im Nationalpark zu kümmern und damit etwas Sinnvolles zu tun, ist erfüllend für ihn. Nebenher online seinen Master in Biologie erfolgreich abzuschließen, inspiriert ihn und bringt ihn weiter. Mit der Familie zusammen zu sein, gemeinsam gesund zu kochen und zu essen, ist sein wertvoller Halt im Leben. Dafür schafft er sich Platz. Dafür nimmt er sich Zeit. Darauf fokussiert er seine Aufmerksamkeit – und Aufmerksamkeit ist der Schlüssel dafür, dass die Dinge leichter werden.

Möchtest du wissen, wie das funktioniert? Das Geheimnis ist uralt, Tausende von Jahre alt, um genau zu sein, und heutzutage auch neurowissenschaftlich nachgewiesen. Die goldene Regel lautet: Deine Energie fließt immer deiner Aufmerksamkeit hinterher.

Das ist gut zu wissen, wenn du dich entscheiden möchtest, worauf du dich zukünftig konzentrierst. Fokussierst du deine Aufmerksamkeit auf die Dinge, von denen du weniger haben oder die du weniger tun willst, fließt deine Energie genau dahin – zu den Dingen, von denen du weniger willst. Die Folge: Du bekommst mehr von dem, was du nicht möchtest. Bestes Beispiel: beim Autofahren. Schaust du nach rechts, statt geradeaus auf die Straße und damit dahin, wohin du eigentlich fahren möchtest, fährst du in den Graben, weil du unbewusst nach rechts lenkst – obwohl du das gar nicht möchtest. Deine Energie folgt immer deiner Aufmerksamkeit. Oder wenn du beim Treppensteigen deine Aufmerksamkeit ganz besonders stark darauf konzentrierst, nicht zu stolpern, dann ist es ziemlich sicher, dass genau das passieren wird, was du vermeiden möchtest: Du stolperst.

Vielleicht möchtest du dich auch gesünder ernähren und versuchst das zu schaffen, indem du dich darauf konzentrierst, weniger Schokolade und weniger Gummibärchen zu essen. Die Erfahrung zeigt, dass du mit dieser Strategie keine Chance hast, dass das nicht klappt. Mir ging das einmal genauso, als ich einige Pfunde (okay, zugegeben, es waren mehr als 20 Kilogramm) zu viel auf den Rippen loswerden wollte, und ich habe mich mächtig gewundert, warum ich mehr Süßigkeiten esse als je zuvor. Erst als ich mich auf all die leckeren und gesunden Nahrungsmittel fokussiert hatte, von denen ich mehr essen wollte, sind die Kilos gepurzelt. Energie folgt der Aufmerksamkeit. Und das, was wir letztendlich essen, ist das, worauf wir unsere Aufmerksamkeit richten.

Wenn du deine Aufmerksamkeit auf die Dinge richtest, von denen du mehr haben oder die du mehr tun willst, fließt deine Energie dahin, wohin du sie haben möchtest. Dabei ist es ganz egal, was es für dich ist, was für dich wirklich zählt. Das kannst letztendlich sowieso nur du selbst bestimmen. Wichtig ist, dass es für dich wichtig ist.

Auf meinen Touren durchs Outback treffe ich viele Menschen wie Ranger Tom. Allan zum Beispiel, dem es eine Menge bedeutet, Edelsteine im Outback zu suchen. Oder Emma und John, die sich eine Auszeit von allem genommen haben und auf ihrem Roadtrip durch Australien ihren Werte-Kompass neu justieren. Da ist Henry, der ehemalige Offizier, der hier draußen in der Natur Ruhe und Frieden findet. Oder Peter, der Kapitän, der den Busch und die Bäume liebt.

Es gibt nicht das eine, das für alle Menschen gleichermaßen wichtig ist. Ob Stadtleben oder Natur, Karriere oder Familie, viel Geld oder viel Sinn oder der Versuch, beides zu kombinieren. Am Ende zählt, ob es für dich funktioniert, ob du damit glücklich und zufrieden wirst. Mehr zu deinem eigenen Weg, zu dem Weg, der für dich funktioniert, und vor allem, wie du den Mut dafür findest, deinen Weg zu gehen, auch wenn es dafür keinen Reiseführer gibt, erfährst du im letzten Kapitel *Auf ins Abenteuer*.

Was wäre, wenn du das Prinzip »Weniger ist mehr« zu deinem Erfolgs-Mindset werden lässt? Wenn du mehr Platz für das schaffst, was dir wirklich wichtig ist? Vielleicht erzählst du dann demnächst einem Freund – so wie Ranger Tom es mir erzählt hat –, dass du weniger von dem hast, was du sowieso nicht brauchst, dafür mehr von dem, was dich glücklich macht, und dass dein Leben dadurch sehr viel leichter geworden ist.

Klingt das alles interessant für dich? Ja? Dann fange gleich mal an, dir vorzustellen, wovon du weniger und wovon du mehr machen oder haben möchtest. Die folgenden Beispiele geben dir eine Idee davon, wann weniger mehr sein kann.

Weniger ist mehr

weniger reden ➡ mehr zuhören

weniger sagen ➡ mehr machen

weniger jammern ➡ mehr dankbar sein

weniger ärgern ➡ mehr denken und handeln

weniger sorgen ➡ mehr wagen

weniger grübeln ➡ mehr hier und jetzt leben

weniger zweifeln ➡ mehr an dich selbst glauben

weniger fürchten ➡ mehr ausprobieren

weniger arbeiten ➡ mehr erreichen

weniger verabreden ➡ mehr freie Zeit

weniger Zeug ➡ mehr Freiraum

Und nun überlege dir einmal, wie du das »Weniger-ist-mehr-Prinzip« in deinen Alltag einbauen kannst. Finde heraus, wo du beginnst, etwas zu ändern. Im Job, in der Beziehung oder der Freizeit, in deiner Garage oder bei deinem Terminkalender und deiner Zeitplanung. Fange klein an, Schritt für Schritt, nicht gleich alles zugleich ändern wollen, das wäre ja wieder zu viel – und wenn wir uns zu viel vornehmen, neigen wir Menschen dazu, gar nichts zu ändern. Das kennst du sicherlich von dir selbst. Das führt mich zu meiner siebten Outback-Erkenntnis. Sie ist zweigeteilt.

Erstens: Den meisten Menschen, die ich kenne, fällt der Gedanke daran, etwas loszulassen, das heißt, von etwas weniger zu haben oder weniger zu tun, wahnsinnig schwer. Unser Gehirn kann mit dem Konzept »weniger« nicht gut umgehen. Verzicht ist wie Verlust für uns. Und für die meisten von uns ist der Gedanke an Verzicht so sexy wie Fußpilz. Wir brauchen also wieder wirksame Tipps, um mehr Platz zu schaffen für das, was uns wirklich wichtig ist – ohne dass es sich nach Verzichten anfühlt. Diese Werkzeuge gibt es; alles fängt damit an, dass du dich auf das fokussierst, was du willst, statt auf das, was du nicht willst.

Und damit sind wir beim zweiten Punkt: Deine Energie fließt immer deiner Aufmerksamkeit hinterher. Also: Nur wenn du deine Aufmerksamkeit auf das fokussierst, was du willst, kannst du es auch erreichen.

Probiere den kleinen Mindset-Change einmal aus: Fokussiere dich auf das, was du willst – und staune, wie viel Energie du auf einmal für die Dinge haben wirst, die wirklich wichtig für dich sind. In unserer Welt mit Smartphone-Empfang und Supermärkten, mit Nachrichten 24/7 und Onlineshopping hast du kaum eine Chance, auf deinem Weg zu bleiben, wenn du dich nicht immer wieder auf das besinnst, was du wirklich willst. Denn deine Aufmerksamkeit ist gefragt und umkämpft. Wer oder was auch immer deine Aufmerksamkeit bekommt,

bekommt deine Zeit, deine Energie und dein Geld. Glücklicherweise hast du einen Einfluss darauf, wer oder was das ist. Nutze die folgenden bewährten Tipps, um deine Aufmerksamkeit bewusst leichter zu lenken.

Tipp: Fokus auf das, was du willst

Fokussiere dich auf das, was du willst. Gehe dabei Schritt für Schritt vor. Eins nach dem anderen. Erstens: Was willst du? Justiere deinen Werte- und Zielekompass. Hilfreich dafür: Schreibe dir auf, was du willst! Auch hilfreich ist: Keep it simple! Es sind wenige Dinge, die wirklich wichtig sind. Zweitens: Was kannst du dafür tun? Plane das, was du machen wirst, und zwar ganz konkret: Was? Wann? Wie? Notiere dir auch dazu einige Stichworte. Drittens: Schaffe dir Erinnerungshilfen, die deinen Fokus für das schärfen, was du möchtest und was du dafür tun kannst. Beispiele für Erinnerungshilfen kennst du schon aus dem Kapitel *Volle Aufmerksamkeit*. Generiere weitere Ideen. Überlege dir, welche Bilder und Symbole, Töne und Gerüche für dich als Erinnerungshilfe wirken können, um dir im richtigen Moment den richtigen Impuls dafür zu geben, das Wichtigste für das zu tun, was dir am wichtigsten ist.

Tipp: Die Fraktionierung der Zeit beachten

Wie häufig glotzt du täglich auf dein Smartphone? Was glaubst du? Gehörst du zu den Leuten, die über 100-mal am Tag ihr Handy checken? Studien zufolge gehört ein Viertel der Generation, die zwischen 1980 und 2000 geboren wurde, dazu. Die Hälfte schaut immerhin noch rund 50-mal täglich aufs Display. Es gibt hilfreiche Apps, die dir helfen, zu erkennen, wie oft und wofür du dein Smartphone nutzt, und ein Gefühl dafür zu bekommen, ob du dein Smartphone beherrschst oder ob es dich beherrscht.

Zwischen drei und fünf Stunden am Tag ist das Smartphone durchschnittlich im Gebrauch. Dabei ist die gesamte Zeitdauer nicht das Problem, wenn du in diesen drei bis fünf Stunden am Stück konzentriert an etwas Sinnvollem arbeiten würdest – zum Beispiel online meditieren oder online studieren, mit einem Tandempartner online in der Fremdsprache, die du erlernen möchtest, parlieren oder im Online-Debattierclub intensiv diskutieren. Machen wir aber nicht. Wir zerteilen (fraktionieren) unseren Tag in kleine Zeitschnipsel.

Rechne dir einmal deine Fraktionierungsquote aus. Wie lange bist du täglich wach? Sagen wir: durchschnittlich sechzehn Stunden. Wie häufig checkst du dein Handy? Sagen wir: 100-mal. Voilà: Du glotzt durchschnittlich alle 9,6 Minuten auf dein Display – und unterbrichst damit das, was du gerade machst. Du zerlegst deinen Tag in 9,6-Minuten-Zeitschnipsel. Wie konzentriert und erfolgreich kannst du in einem 9,6-Minuten-Zeitschnipsel an einer Aufgabe, die dir wichtig ist, arbeiten?

Lass uns hier noch einmal Klartext reden. Ich mache das sehr deutlich, um zu zeigen, welche Auswirkungen es hat, zwischendurch »nur mal eben schnell« aufs Smartphone zu schauen. Wir Menschen benötigen circa 15 Minuten, bis wir zur Konzentration gefunden haben, um eine mehr oder weniger komplexe Aufgabe effizient zu bearbeiten oder um einem intensiven Gespräch zu folgen. 15 Minuten Zeit, um konzentriert bei der Sache zu sein. Werden wir dann, während wir uns endlich in einer tiefen Konzentrationsphase befinden, durch eine Benachrichtigung oder was auch immer uns ablenkt, unterbrochen, und dauert diese Unterbrechung länger als rund 20 Sekunden, müssen wir wieder von vorne anfangen, das heißt, unsere Konzentration neu aufbauen. Sägezahneffekt nennt man das.

Wenn du mehr von dem machen willst, was dir wirklich wichtig ist, damit dein Leben leichter wird, dann führt kein Weg daran vorbei, dein Handy von Zeit zu Zeit auszuschalten. Konsequent. Damit deine Aufmerksamkeit eine Chance hat, sich auf das zu fokussieren, was für dich wirklich zählt.

Tipp: Das parkinsonsche Gesetz beherzigen

Dieser Grundsatz hat glücklicherweise nichts mit der gleichnamigen Erkrankung zu tun. Cyril Northcote Parkinson (1909–1993) war ein britischer Historiker und Publizist. Das parkinsonsche Gesetz besagt, dass eine Aufgabe genau die Zeit in Anspruch nimmt, die ihr zugewiesen wird. Kurz: Du brauchst für eine Aufgabe immer so viel

Zeit, wie dir dafür zur Verfügung steht. Wenn du also für ein Meeting zwei Stunden einplanst, dann wirst du diese zwei Stunden auch benötigen. Ob das so sein muss, ist die entscheidende Frage. Oft entstehen die besten Ideen und Lösungen erst am Schluss. Warum also nicht (Laber-)Zeit sparen und das Meeting von vornherein auf 30 Minuten ansetzen und Limits schaffen? Du wirst sehen: Du erzielst so dieselben Ergebnisse – nur schneller und du arbeitest de facto weniger. Das Gleiche gilt für jede Aufgabe, die du dir vornimmst. Begrenze die Zeit dafür, dann wirst du mit weniger Arbeit mehr erreichen. Egal ob Steuererklärung oder Hausputz, ob Einkauf oder Gartenpflege – setze dir strikte Zeitlimits für deine Aufgaben. Das ist eines der wirksamsten Werkzeuge auf dem Weg zum Wesentlichen.

~~~~~~

Du merkst: Platz in deinem Leben zu machen für das, was wirklich zählt, hat wenig mit aufwendigen Zeitmanagementtechniken zu tun. Die Menschen im Outback absolvieren keine Zeitmanagementkurse. In der Natur hat das, was wir tun oder lassen, einfach sehr viel schneller sehr viel drastischere Konsequenzen. Deshalb machen die Menschen hier draußen sehr viel schneller und konsequenter mehr von dem, was sie dorthin bringt, wohin sie wollen. Im Alltag außerhalb der Wildnis müssen wir uns dafür selbst die Limits setzen, erkennen, welche Konsequenzen die Zerteilung unserer wertvollen Zeit hat, und uns klarmachen, wohin wir eigentlich wollen.

Wenn ich am Schreibtisch sitze, viel arbeite und vieles parallel auf mich einstürzt, denke ich häufiger an Ranger Tom und wie es ihm und seiner Familie im Nationalpark im äußersten Nordwesten Australiens wohl gerade geht. Dann lächle ich und erinnere mich daran, was ich von Tom gelernt habe: »Weniger von dem zu haben, was ich sowieso nicht brauche, schafft Platz für mehr von dem, was mich glücklich macht.« Und dann fange ich an, Platz zu machen für das, was wirklich zählt: in meinem Kopf und im Kalender.

Dumm gelaufen – Sich ärgern ändert nichts

Als ich mal wieder mit meinem Geländewagen auf einer Piste im Outback unterwegs bin, platzt mir der Reifen links vorne. Ich steige aus und rege mich auf. Nach einer Stunde, ich ärgere mich noch immer, kommt Samantha vorbeigefahren, hält an und fragt, was los ist. Ich erkläre ihr aufgeregt, dass mir der Reifen geplatzt sei, und sie sagt nur: »Don't sweat the small stuff, mate!« Was so viel heißt wie: »Rege dich nicht über jeden Kleinscheiß auf, Kumpel!« Sie holt zwei Campingstühle aus ihrem Geländewagen und wir setzen uns erst einmal in den Schatten. Sam* fragt mich: »Lebst du noch?« »Ja«, antworte ich. »Bist du unverletzt?« »Ja«, sage ich. »Hast du genug Wasser?« Klar, immer. »Reserverad, Diesel und Proviant?« Natürlich. »Weißt du, wie du das Vorderrad wechselst?« Ja. »Warum regst du dich dann auf?«

Was sagst du dazu? Ist das nicht einfach klasse? Worüber regen wir uns im Alltag eigentlich auf, wenn wir doch alles haben, um unsere Situation gutzumachen? Ärgerst du dich über deinen Sohn, weil der schon wieder mit einer schlechten Note in Mathe nach Hause kommt? Ja. Kannst du ihm

---

* Australier kürzen Namen ab, wenn sie sich mögen.

bei den Matheaufgaben helfen oder kennst du jemanden, der ihn unterstützen kann? Ja. Dann ärgere dich nicht, sondern helfe deinem Sohn. Bist du müde, weil du gestern zu spät zu Bett gegangen bist? Ja. Kannst du heute Abend früher schlafen gehen? Ja. Worüber regst du dich dann auf? Achte ein wenig mehr auf deinen Schlaf, dann bist du nicht so müde. Hat deine Kollegin wieder einmal das Bürofenster aufgerissen, bei gefühlten minus 20 Grad draußen vorm Fenster? Ja. Könnt ihr miteinander reden? Ja. Redet miteinander, dann musst du dich nicht weiter ärgern.

Wir machen uns unser Leben schwer und kompliziert, indem wir uns zu oft über zu vieles aufregen – obwohl es überhaupt keinen Unterschied macht, ob wir uns aufregen oder nicht. Was einen Unterschied macht, ist das, was wir heute tun können, um etwas an der Situation zu ändern, die uns aufregt. Können wir nichts an der Situation ändern, hilft aufregen auch nicht. Und doch verbringen wir viel Zeit damit, uns über die Mülltonne des Nachbarn zu ärgern, uns über die Unordnung des Kollegen aufzuregen oder sauer zu sein, weil es draußen schon wieder regnet – und wir klagen darüber, dass unser Blutdruck steigt, unser Kopf voll und alles so kompliziert ist.

Siehst du? So ging es mir, als mein Reifen geplatzt war. Ich habe mich darüber geärgert, nicht wie geplant voranzukommen – und mein Ärger hat null Komma null Unterschied gemacht. Ich hätte genauso gut »Alle meine Entchen« singen können, das wäre ebenso wirkungslos gewesen – obwohl es sicherlich mehr Spaß gemacht hätte, als mich aufzuregen.

Was wirklich einen Unterschied macht, ist das, was wir heute tun können, um unsere Situation gutzumachen. Die Frage lautet: Welchen Einfluss haben wir auf unsere Situation? Was können wir konkret tun?

Worauf hast du Einfluss? Was kannst du konkret tun, um einen Unterschied zu machen?

Statt mich zu ärgern, hätte ich das Vorderrad einfach wechseln können – und mich währenddessen darüber freuen können, dass ich den Geländewagen mit geplatztem Reifen sicher zum Stehen gebracht hatte, nichts beschädigt war, ich unverletzt geblieben bin und alles an Bord hatte, um das Rad zu wechseln.

Dich über das kalte Wetter aufregen oder eine warme Jacke anziehen? Wodurch änderst du etwas daran, dass du frierst? Dich über deine Cholesterinwerte ärgern oder den Käse weglassen und eine Runde laufen gehen? Dich über die offene Zahnpastatube deines Partners aufregen oder miteinander reden? Dich ärgern, dass die Bahn schon wieder vor deiner Nase wegfährt, oder morgen fünf Minuten früher losgehen? Dem Chef die Pest an den Hals wünschen, weil er dir schon wieder keine Gehaltserhöhung gegeben hat, oder mit ihm ernsthaft über mehr Geld reden? Worüber regen wir uns Tag für Tag auf, wenn wir doch eigentlich alles haben, um an unserer Situation etwas ändern zu können?

Das Problem ist doch ganz oft gar nicht das, worüber wir uns aufregen. Wir ärgern uns vielmehr darüber, dass wir nichts dagegen tun – obwohl wir Einfluss nehmen könnten. Vielleicht scheuen wir uns vor der Anstrengung, Sport zu treiben, oder wir haben Angst vor dem Gespräch mit dem Chef. Manchmal fehlen uns vielleicht auch noch die Erfahrungen oder die Fähigkeiten dazu, etwas an unserer Situation zu verändern. Doch in den meisten Fällen wissen wir, dass und sogar was wir tun können, um unsere Situation gutzumachen.

Stattdessen werden in unserem Kopf aus Mücken oft Elefanten. Wir steigern uns in unseren Ärger hinein, und irgendwann merken wir, dass wir uns mehr ärgern als zufrieden sind. Wir könnten aber auch viel früher unsere Mücken im Kopf verscheuchen und schauen, was wir heute tun können, um das Leben zu leben, das wir leben wollen. Zum Beispiel das Leben eines Vaters, der heute früher zu seinen Kindern nach Hause kommt und nicht schon wieder Überstunden macht und sich darüber ärgert. Oder das Leben eines selbstbewussten Arbeitnehmers, der sich traut, die Gehaltserhöhung zu verhandeln, statt den Chef auf den Mond zu wünschen.

Das Prinzip, das dahintersteckt, ist immer das gleiche: Fokussiere dich auf das, was du willst, statt auf das, was du nicht willst. Du willst dich ja schließlich nicht ärgern, sondern, dass der Ursprung des Ärgers verschwindet. Und um das zu erreichen, kannst du dich, statt dich darauf zu konzentrieren, was dich ärgert, auf das fokussieren, was du daran ändern kannst. Sobald du etwas machst, merkst du, wie sich die Dinge leichter anfühlen und leichter werden. Immer wenn du die Erfahrung machst, dass du selbst etwas tun kannst, um deine Lage zu verbessern, wird dein Leben leichter. In der Psychologie nennt man das »Selbstwirksamkeitserfahrung« – die Erfahrung, dass du selbst wirksam werden kannst. Darüber hast du schon im Kapitel *Dinge werden einfacher, wenn wir sie vereinfachen* etwas erfahren.

Im Outback ist es einfacher zu handeln, statt sich zu ärgern, weil in der Natur die Dinge sofort Auswirkungen haben. Brennt die Sonne, suche ich Schatten, bevor der Hitzschlag mich umhaut. Mich über die Hitze zu ärgern und in der Sonne stehen zu bleiben, wäre nicht klug. Ist es kalt, mache ich Feuer, statt mich darüber zu ärgern, dass ich friere. Wird es dunkel, suche ich einen sicheren Schlafplatz, bevor die Dunkelheit das unmöglich macht und ich sauer darüber bin, dass ich eine unruhige Nacht verbringen werde. Manchmal vergesse ich das und dann denke ich an Sam.

Als Krankenschwester hat Samantha viel Aufregung im Job und eigentlich genug, worüber sie sich täglich ärgern könnte. Als sie mir hilft, das Vorderrad zu wechseln, erzählt sie mir aus ihrem Alltag und davon, dass sie in ihrer Freizeit oft im Outback unterwegs ist. Hier draußen erinnert Sam sich daran, dass sie etwas tun kann, um einen Unterschied zu machen, statt sich über die Dinge nur aufzuregen. Ihre Methode ist einfach, sagt sie: »Drei Fragen helfen mir dabei, mich im Alltag weniger zu ärgern: Lebst du noch? Bist du unverletzt? Weißt du, was du tun kannst? Und wenn ich dreimal mit Ja antworten kann, geht's mir schon bedeutend besser.«

Im unserem durchgetakteten Alltag vergessen wir häufig, dass »sich ärgern« nichts ändert. Obwohl wir eigentlich wissen, dass es wenig bringt, sich über Dinge aufzuregen, gibt es einfach zu viele einladende Gelegenheiten: die ungespülte Kaffeetasse des Kollegen oder das Auto des Nachbarn, das schon wieder vor unserer Garage steht, ein leerer Kühlschrank zu Hause oder die Schlange an der Supermarktkasse, die regelmäßig die langsamste im ganzen Laden zu sein scheint, wenn wir es eilig haben.

Aber mal ehrlich, was kümmert uns die Kaffeetasse des Kollegen und was hindert uns daran, dem Nachbarn mal eine Flasche Wein vorbeizubringen und ihn zu bitten, die Garageneinfahrt freizulassen? Warum schauen wir nicht darauf, dass unser Kollege eigentlich ein ganz netter Typ ist, der uns schon viel geholfen hat, oder dass der Nachbar uns schon oft die Mülltonne nach vorne an die Straße gestellt hat, als wir es vergessen hatten.

Wenn wir uns über Dinge aufregen, sehen wir nicht mehr, dass wir eigentlich alles haben, um unsere Situation gutzumachen. Der Grund dafür: Ärger stresst uns. Die Hormone Adrenalin, Noradrenalin, Testosteron und Kortisol werden ausgeschüttet. Die Folge: Unsere Herzfrequenz erhöht sich und der Blutdruck steigt. Dann geht unsere Handlungsfähigkeit verloren, weil der Blick fürs Wesentliche verloren geht. Klarer sieht, wer das, worüber er sich ärgert, mit einer gesunden emotionalen Distanz und damit ganz bewusst anschauen kann. Überlege einmal, worüber du dich heute schon geärgert hast und was du stattdessen hättest tun können, um etwas an der Ursache deines Ärgers zu ändern. Notiere dir wieder ein, zwei Stichworte dazu.

Worüber hast du dich heute geärgert?	Was hättest du stattdessen tun können?

Im Alltag können wir lernen, vom Ärgern ins Tun zu kommen. Dafür müssen wir unterscheiden, worauf wir Einfluss haben und worauf nicht. Das bringt mich zu meiner achten Out-back-Erkenntnis: Sich ärgern ist ein Gefühl, und wir können unsere Gefühle nicht kontrollieren. Wenn wir versuchen, den Ärger runterzuschlucken oder zu unterdrücken, dann kommt er an anderer Stelle doppelt so stark wieder zum Vorschein. Zum Beispiel zeigt er sich dann in einem noch höheren Blut-druck oder wir explodieren irgendwann im ungünstigsten Moment.

Was wir jedoch anders machen können, ist, bewusst wahr-zunehmen, wann und worüber wir uns ärgern, und uns dann selbst leise zuzulächeln und zu uns selbst zu sagen: »Don't sweat the small stuff, mate!« Dadurch bekommen wir ein bisschen Abstand zum Ärger und sehen die Dinge klarer. Wir sind ja nicht der Ärger, wir ärgern uns und wir könnten den Ärger vorbeiziehen lassen und am Ursprung des Ärgerns et-was ändern. Damit machen wir einen Unterschied. Mit Ärgern ändern wir nichts. Im Alltag, in dem es oft heiß hergeht, kannst du die beiden folgenden Tipps nutzen, um dich weniger zu ärgern. Veränderung beginnt oft damit, dass du dir einmal selbst dabei zuschaust, was du gerade machst und wie es dir gerade geht.

Tipp: Selbstbeobachtung

Erst einmal musst du erkennen, dass du dich aufregst oder ärgerst. Woran erkennst du das? Wird dein Kopf rot und heiß, bekommst du Kopf- oder Magenschmerzen, fühlst du dich unruhig, bemerkst du vielleicht ein Kribbeln in den Fingern oder hast du einen Druck auf der Brust? Wenn du erkennst, dass der Ärger in dir aufsteigt, ist eine erste wirksame Methode, dich erst einmal ins Hier und Jetzt zu holen: Stemme deine Fußsohlen dazu in den Boden, richte dich ein wenig auf, Schultern runter, Brust raus, und atme zwei-, dreimal tief durch. Grounding nennt man das – in den Körper und zur Besinnung kommen. Dadurch werden erst gar nicht so viele Stresshormone produziert, die dir den Kopf vernebeln können. Deshalb fällt es dir leichter, klar zu denken und hilfreich zu handeln. Probier's mal aus. Mach's mal anders als sonst.

Der wichtigste Schritt ist getan, wenn du dein ungutes Gefühl erstens entdeckt und zweitens als Ärger identifiziert hast. Nachdem du dir mit der zuvor genannten Körperübung Erste

Hilfe geleistet hast, kannst du dich dem Ärger mental stellen und dich von ihm trennen:

Tipp: Die Sam-Methode

Nach den ersten zwei, drei Atemzügen kannst du dich entscheiden, wie du mit deinem Ärger umgehen möchtest. Willst du dich weiter aufregen? Es ist deine Entscheidung, und es gibt sicherlich Situationen, in denen will man das einfach mal. Oder willst du schauen, welche Ursache dein Ärger hat und welchen Einfluss du nehmen, das heißt, was du konkret tun kannst, um deine Situation gutzumachen? Ich nutze dazu die Sam-Methode und frage mich: Lebst du noch? Bist du unverletzt? Weißt du, was du tun kannst? Wenn ich dreimal mit »Ja« antworte, habe ich keinen Grund, mich aufzuregen – und einen guten Grund nachzudenken und zu handeln.

Von Sam habe ich gelernt, dass es sinnlos ist, sich über etwas aufzuregen oder zu ärgern – weil wir dadurch nichts ändern. Seither fühle ich mich sehr viel gelassener beim Anblick ungespülter Kaffeetassen von Kollegen oder geplatzter Vorderreifen im Outback. Wenn ich merke, dass ich mich aufrege, erinnere ich mich an Sam, die mir zuruft: »Don't sweat the small stuff, mate!« Dann atme ich durch, denke nach und unternehme etwas, um meine Situation wieder gutzumachen.

No worries – Die meisten Dinge, über die wir uns Sorgen machen, passieren nie

Kennst du das auch? Die Sonne scheint. Du bist gesund, hast einen Job und ein Dach über dem Kopf – und dein Kühlschrank ist voll mit leckeren Sachen: Obst und Gemüse, Schokolade und Milch, Fisch und Fleisch und was du sonst noch gerne magst. Und doch machst du dir Sorgen, was passieren könnte, oder grübelst über Dinge, die schon längst geschehen sind. Möchtest du wissen, was Henry, ein ehemaliger Offizier, der im Krieg war und der im einsamen Outback Australiens Ruhe und Frieden findet, einmal zu mir gesagt hat, als er mich mit sorgengefaltetem Gesicht durch den Busch hat laufen sehen? Dann pass mal auf.

Ich laufe also durch den Busch und suche Feuerholz. Henry beobachtet mich und fragt: »Hey Kumpel, was ist los?« »Was soll los sein?«, frage ich zurück. »Na, was schaust du denn wie sieben Tage Regenwetter, hier gibt es doch genug Feuerholz?« Mir war gar nicht bewusst, dass ich unglücklich aussehe. Ich antworte Henry, dass ich gerade an meine Arbeit denke und daran, dass ich hoffe, all die Aufgaben bewältigen zu können, die nach meinem Urlaub auf mich zurollen wer-

den. Henry lacht und sagt:»No worries, mate. Was änderst
du damit, wenn du dir Sorgen machst? Welchen Unterschied
machst du, wenn du dich heute darum sorgst, was in einigen
Wochen sein wird – oder vielleicht auch nicht sein wird? Pass
lieber auf, dass dich jetzt hier keine Schlange beißt.«

Es hat ein wenig gedauert, bis ich begriffen habe, was
Henry meint. Warum sorgen wir uns um Dinge, die in der
Zukunft vielleicht passieren – oder eben vielleicht auch nicht
passieren? Wenn wir uns um etwas sorgen, das wahrscheinlich
niemals eintritt, ist das so, als trügen wir in der Wüste täglich
eine Regenjacke, weil es morgen vielleicht regnen könnte. Die
Wahrscheinlichkeit geht gegen null, aber wir belasten uns mit
einer regendichten Jacke unter blauem Himmel bei strahlen-
dem Sonnenschein und 40 Grad Celsius und schwitzen wie
wild. Verstehst du?

»Sich sorgen« ändert nichts an der Zukunft. Genauso wenig, wie grübeln etwas an der Vergangenheit ändern kann.
Wir ändern nichts daran, ob unsere Rente in 25 Jahren noch
sicher sein wird, wenn wir uns heute Sorgen machen. Wir machen dann einen Unterschied für uns und unsere Lieben, wenn
wir heute aktiv werden und finanziell clever vorsorgen. Und
wenn wir heute über eine vermasselte Präsentation von gestern nachdenken und darüber grübeln, ob wir beim Chef jetzt
unten durch sind, dann ändert das nichts daran, dass wir die
Präsentation vermasselt haben.

Deine Zeit und Energie dafür zu verbrauchen, dich zu lange um den Schnee von gestern oder die ungelegten Eier von
morgen zu kümmern, lässt dich die Gegenwart verpassen. Wir
machen unser Leben dadurch nur schwerer und komplizierter.
Denn das Gedankenkarussell aus Grübeleien über Vergange-

nes und Sorgen über Zukünftiges raubt uns das Hier und Jetzt und damit den einzigen Zeitpunkt, an dem wir etwas aktiv ändern können.

Wir können unsere Vergangenheit nicht ändern, und wir können unsere Zukunft nicht vorhersagen – aber wir können heute aktiv werden und etwas anders, etwas besser machen.

Über Vergangenes zu grübeln oder dich um Zukünftiges zu sorgen, macht keinen Unterschied. Das Einzige, womit du etwas änderst, ist das, was du heute aktiv tust.

In unserem Alltag, in dem sich die Dinge überschlagen, vergessen wir das häufig. Oft sind wir gar nicht mit voller Aufmerksamkeit bei der Sache, mit der wir uns gerade beschäftigen. Und abends liegen wir dann im Bett und denken darüber nach, was wir den ganzen Tag über getan haben und ob das alles so richtig war und was das wohl für morgen bedeuten wird. Währenddessen sind wir dann schon wieder nicht ganz bei der Sache, die wir eigentlich gerade tun wollen – schlafen. Und so hüpft unsere Aufmerksamkeit von Vergangenem zu

Zukünftigem und macht es uns schier unmöglich, uns auf das zu fokussieren, was wirklich zählt – die Gegenwart und das, was wir jetzt gerade tun.

Es ist müßig, sich zu lange zu überlegen, wie die Zukunft verlaufen wäre, wenn wir uns gestern anders entschieden hätten. Darüber zu grübeln, ob es falsch war, im Meeting deine Meinung zu sagen oder deinen Chef um Feedback bitten. Womit machst du einen Unterschied – und dir dein Leben leichter? Wenn du dir darüber Sorgen machst, wie wohl die Prüfung nächste Woche laufen wird, oder dich stattdessen intensiv darauf vorbereitest? Dir das Hirn zermarterst, ob es nicht doch besser gewesen wäre, den anderen Job zu wählen, oder im aktuellen Job erst einmal alles gibst, um erfolgreich zu sein? Dich sorgst, ob das Geld ausreichen wird, oder einen Finanzplan aufstellst und damit Einnahmen und Ausgaben im Blick behältst? Womit machst du einen Unterschied?

Und doch verbringen wir viel Zeit damit, uns um Dinge zu sorgen, die morgen vielleicht eintreten könnten, und über Dinge zu grübeln, die wir nicht mehr ändern können. Auch wenn das menschlich ist, ändern wir damit nichts in unserem Leben. Weißt du, was ich meine? Wir ändern nichts an einem komplizierten und hektischen Leben, wenn wir darüber nachdenken, wie hektisch und kompliziert unser Leben gestern war oder morgen sein wird. Wir verstärken nur das Problem und nehmen uns damit die Leichtigkeit, die wir heute leben könnten.

So ging es mir, als ich Feuerholz gesucht und mich dabei um die Arbeitssituation nach meinem Urlaub gesorgt habe, statt mich darum zu kümmern, was in diesem Moment gerade wichtig war: Schlangen und Spinnen im Unterholz. Was wirklich einen Unterschied macht, findet jetzt statt.

Während wir zu oft grübeln und uns zu lang und zu viel sorgen, sind wir nicht auf die Sache fokussiert, die wir jetzt gerade machen. Unsere Aufmerksamkeit verzettelt sich, unsere Gedanken fahren Karussell und uns wird schwindelig. Im besten Fall sind wir dann nicht so produktiv, wie wir es sein könnten, oder verpassen etwas. Im schlechteren Fall beißt uns die Schlange. Henry hat mich wieder einmal daran erinnert, was wirklich zählt: Das, was wir heute aktiv tun können, um das Leben zu leben, das wir leben wollen – nicht etwa das, was wir gestern hätten tun sollen oder was wir morgen machen könnten.

Dabei ist unser Gehirn schon bemerkenswert. Kein anderes Lebewesen auf dem Planeten ist dazu fähig, sich in Gedanken so ausgiebig mit der Vergangenheit und der Zukunft zu beschäftigen wie wir. Selbst die intelligentesten nicht menschlichen Primaten, die Schimpansen, können nur circa 20 Minuten in die Zukunft schauen. Unsere Fähigkeit ist jedoch Fluch und Segen zugleich. Einerseits beruht der Erfolg der Menschheit darauf, weil wir dadurch aus der Vergangenheit lernen und die Zukunft gestalten können. Andererseits, und das ist der Preis, den wir dafür zahlen, können wir auch in tiefe, quälende Grübeleien und zentnerschwere, blockierende Sorgen versinken.

Dabei ist das Problem weder unsere Fähigkeit zu denken noch ist es die Vergangenheit oder die Zukunft selbst. Das Problem ist unser Umgang mit der Gegenwart und wie wir mit unserer Aufmerksamkeit umgehen. Wir rauben uns das Heute, indem wir uns zu sehr auf Erinnerungen an das, was gestern war, und auf Vorstellungen von dem, was morgen sein könnte, fokussieren. Damit lassen wir unsere Erinnerungen und Vorstellungen zu oft über unsere Gegenwart bestimmen.

Im Outback ist viel Gegenwart. Hier draußen in der Natur lernen wir schneller, im Hier und Jetzt zu sein und unsere Aufmerksamkeit auf das zu fokussieren, was gerade ist. Der Grund dafür ist einfach. Tun wir das nicht, kann das schnell drastische Konsequenzen haben. Machst du Feuer, konzentrierst du dich aufs Feuermachen – schweift der Fokus ab, hackst du dir vielleicht ins Bein oder du verbrennst dir die Finger. Möchtest du einen Schlafplatz finden, konzentrierst du dich aufs Schlafplatzfinden – lässt du dich dabei zu oft ablenken, schläfst du unsicher und unbequem irgendwo neben der Piste im Auto. Oder wenn du dich vor der Sonne schützen möchtest, dann konzentrierst du dich darauf, dich vor der Sonne zu schützen – achtest du zu wenig darauf, verbrennt deine Haut, und dich haut's mit einem Hitzschlag um.

In der Natur, wo wir den Elementen ausgesetzt sind, wird unsere Aufmerksamkeit viel stärker von der Notwendigkeit absorbiert, überleben zu wollen, als von unseren Gedanken darüber, was wir gestern alles hätten tun können oder was wir morgen alles tun sollten. Überleben wollen fokussiert deine Aufmerksamkeit auf das, was wirklich zählt.

Im Alltag ist das anders. Wenn du einmal ganz ehrlich zu dir selbst bist, könnte es sein, dass du schon lange weißt, dass grübeln und sich sorgen nichts ändern, sondern Dinge komplizierter und schwerer macht? Wer grübelt oder sich sorgt, der handelt nicht. Und wer nicht handelt, fühlt sich häufig hilflos. Möchtest du eine erprobte Methode kennenlernen, die dir hilft, weniger zu grübeln und dich weniger zu sorgen? Dann habe ich eine gute Nachricht für dich: Dafür gibt es einen Weg. Mit zwei Schritten kommst du ein ganzes Stück weiter.

Der erste Schritt ist die Selbstbeobachtung: Überlege einmal, worüber du dir in den letzten Tagen Sorgen gemacht hast – und was davon tatsächlich eingetreten ist. Überlege dir auch, worüber du gegrübelt hast – und was du damit verändert hast. Welche Gedanken an die Vergangenheit oder die Zukunft haben dich in den letzten Tagen stark beschäftigt und vielleicht sogar bis in den Schlaf verfolgt – ohne dass sich dadurch etwas geändert oder es dir geholfen hätte? Notiere dir wieder einige Stichpunkte.

Worüber hast du dir in den letzten Tagen Sorgen gemacht?	Worüber hast du in den letzten Tagen gegrübelt?
Was davon ist tatsächlich eingetreten?	Was hast du damit verändert?

Es würde mich nicht wundern, wenn der untere Teil deiner Aufstellung leer bleibt. Die meisten Dinge, über die wir uns im Leben Sorgen machen, passieren ja nicht. Und wenn wir grübeln, verändern wir gar nichts an dem, was war. Grübeln, genauso wie sich sorgen oder ärgern, ändert nichts. Wenn du etwas an der Ursache des Ärgers, der Sorge oder der Grübelei ändern möchtest, dann musst du vom Kopf ins Handeln kommen.

Fakt ist jedoch, dass wir unsere Gedanken und Gefühle nicht kontrollieren können. Wir können uns nicht einfach befehlen, damit aufzuhören, uns über die Belastungen bei der Arbeit, die Gaspreise oder den Weltfrieden zu sorgen. Wenn du das schon einmal versucht hast, dann weißt du, dass das nicht funktioniert. Du kennst vielleicht das einfache Gedankenexperiment mit dem Elefanten? Versuche deine Gedanken zu kontrollieren: Denke jetzt *nicht* an einen roten Elefanten auf einer weißen Eisscholle.

Und? Wie gut ist es dir gelungen, nicht an den roten Elefanten auf einer weißen Eisscholle zu denken? Das führt mich auch schon zu meiner neunten wichtigen Outback-Erkenntnis: Wir können unsere Gedanken und Gefühle nicht kontrollieren. Wir können nicht *nicht* denken und wir können nicht *nicht* fühlen. Kommt ein Gedanke, ist er da, genauso wie das Gefühl. Wenn wir uns ärgern, ärgern wir uns – das hast du schon im Kapitel *Dumm gelaufen* erfahren. Fühlst du dich traurig, dann fühlst du dich traurig. Und wenn du dich ängstlich fühlst, fühlst du dich ängstlich. Das Gleiche gilt für deine Gedanken. Denkst du an die Prüfung in vier Wochen, dann denkst du an die Prüfung. Der Gedanke ist da. Aber was dann? Was kannst du machen, wenn dich ein

Gedanke oder ein Gefühl belastet und nicht mehr loslässt? Hier kommt Schritt zwei.

Der zweite Schritt ist der Wechsel vom Denken zum Handeln: Worauf du Einfluss hast, ist dein Umgang mit den Gefühlen und Gedanken, die dich belasten. Henry hat mich darauf aufmerksam gemacht, dass ich sorgenvoll aussehe, und ich habe mich in diesem Moment selbst beobachtet und hinterfragt, was ich eigentlich gerade denke und fühle. Das ist schon das ganze Geheimnis bei der Frage, wie es dir gelingt, weniger zu grübeln und dich weniger zu sorgen: Durch das Erkennen, dass dich ein Gedanke oder ein Gefühl gerade belastet, gewinnst du Abstand zu diesem Gedanken oder Gefühl.

Wir *sind* ja nicht ein einzelner Gedanke oder ein einzelnes Gefühl. Wir denken einen Gedanken und fühlen ein Gefühl. Das ist ein großer Unterschied. Wenn dir klar wird, dass die Sorge, die dich gerade beschäftigt, nicht ein Teil deiner Persönlichkeit ist, sondern nur eine Aneinanderreihung von Wörtern oder Bildern, die gerade in deinem Kopf spazieren geht, dann kannst du in Ruhe einen Schritt zurücktreten, dir das alles ansehen und beschließen, dass dies zwar eine interessante Show ist, du aber nichts damit zu tun haben möchtest, weil sie dich erstens belastet und du zweitens anderes zu tun hast. Dann drehst du dich um, nimmst den Fokus von dem belastenden Gedanken und kehrst in den jetzigen Moment zurück – so bleibst du handlungsfähig.

Leider haben wir nicht immer einen Henry in der Nähe, der uns zuruft: »Hey Kumpel, was ist los?« Aber du kannst die drei folgenden Tipps nutzen, um dich selbst daran zu erinnern, Abstand vom Sorgen und Grübeln zu nehmen, dadurch in die Handlung zu kommen und etwas an der Ursache zu verändern.

Tipp: Unterscheiden lernen

Unterscheide, ob es sich bei deinen Gedanken um Grübeleien und Sorgen handelt, die dich sprichwörtlich um den Schlaf, aber nicht weiterbringen, oder ob du Vergangenes bewertest, um zu lernen, und Zukünftiges vorausplanst, um zu gestalten. Das ist ein wichtiger Unterschied. Hast du im Job zum Beispiel eine Präsentation oder im Studium eine Prüfung versemmelt, dann ist es sinnvoll, dich damit auseinanderzusetzen, was geschehen ist und was du anders und besser hättest machen können. Damit lernst du aus dem, was war, für das, was sein wird. Denn die nächste Präsentation oder Prüfung kommt bestimmt. Oder wenn du mit deinem alten, kranken Vater mitfühlst, der wahrscheinlich bald pflegebedürftig werden wird, dann ist dein Gefühl ein wichtiger Hinweis, der dich in Aktion bringen kann, um schon einmal Möglichkeiten der Betreuung zu prüfen und vorauszuplanen. Der entscheidende Punkt ist zu unterscheiden, wann aus den Gedanken über die versemmelte Präsentation ein Grübeln darüber wird, ob du überhaupt gut genug bist, jemals eine gescheite Präsentation zu halten etc. oder wann aus dem Mitgefühl für den Vater eine lähmende Sorge wird. Sobald du diesen Punkt erreichst, ist die Wahrscheinlichkeit groß, dass du im Kopf stecken bleibst und dich im Kreis drehst, statt zu handeln.

Tipp: Erkennen, wenn man feststeckt

Manchmal stecken wir so tief in einem Gedanken oder einem Gefühl fest, dass wir gar nicht mehr merken, dass es sich dabei um einen einzelnen Gedanken oder ein einzelnes Gefühl handelt. Dann drehen wir uns grübelnd im Kreis oder sorgen uns um den Schlaf.

Der erste kleine Schritt ist deshalb, zu erkennen, dass du dich sorgst oder dass du über etwas grübelst – und das auch, wenn du keinen Henry in der Nähe hast, der dich darauf aufmerksam machen kann. Woran erkennst du, dass ein Gedanke an etwas Vergangenes zu einer quälenden und wenig zielführenden Grübelei wird? Woran merkst du, dass ein Gedanke an etwas Zukünftiges zu belastender Sorge wird? Fühlst du dich verspannt, schmerzt dein Kopf oder der Rücken? Fällt es dir schwer, dich auf deine Aufgaben zu konzentrieren? Fühlst du dich den Tränen nah? Trinkst du zu viel Alkohol oder verbringst du zu viel Zeit im World Wide Web?

Psychologen nennen das Körper- und Verhaltensmarker. Daran kannst du erkennen, wenn es dir nicht gut geht. Im Alltag hilft dir eine einfache Frage dabei, den Ausstieg aus dem Gedanken- und Gefühlskarussel zu finden: »Wie geht es mir gerade?« Frage dich einfach öfter mal, wie es dir gerade geht und überlege, welches deine Erkennungszeichen für Sorgen und Grübeleien sind. Schreibe dir ein paar Stichpunkte dazu auf.

Tipp: Abstand gewinnen, Gedanken und Gefühle benennen

Wenn du merkst, dass du ins Grübeln kommst und dich wie ein Hamster im Rad drehst oder dass du über Zukünftiges spekulierst wie eine Wahrsagerin, kannst du aus dem Gedankenkarussell aussteigen. Erinnere dich daran: Es sind einzelne Gedanken, die du denkst, und einzelne Gefühle, die du fühlst. Mache dir das bewusst, indem du sie benennst. Wenn du zum Beispiel eine Präsentation vermasselt hast und dich der Gedanke quält, dass du nicht gut genug bist, kannst du zu dir selbst sagen: »Ich beobachte, dass ich denke, dass ich nicht gut genug bin.« Oder wenn du spürst, dass du Angst um die Gesundheit deines alten Vaters hast, kannst du zu dir selbst sagen: »Ich bemerke, dass ich mich ängstlich fühle, wie das mit meinem Vater weitergehen wird.« Allein durch diese kleine Abstandstechnik wirst du spüren, dass du deine Gedanken denkst und deine Gefühle fühlst, dass du dich davon aber nicht etwa beherrschen lassen musst. Du wirst dir dadurch bewusst, dass du Gedanken und Gefühle beobachten und damit Distanz gewinnen kannst. Und du bleibst handlungsfähig und kannst aktiv etwas tun, um an der Ursache deiner Sorgen oder deiner Grübeleien etwas zu ändern. Dadurch werden die Dinge leichter. Ein bisschen Übung brauchst du dazu. Probier's gleich mal aus. Eines der besten Bücher, die ich zum Thema »Umgang mit belastenden Gedanken und Gefühlen« bislang gelesen habe, hat der australische

Arzt und Psychotherapeut Dr. Russ Harris geschrieben: The Happiness Trap. Die genaue Literaturangabe – auch zur deutschen Übersetzung – findest du unter den Tipps zur Vertiefung.

~~~~~~~~~~~~~~~~~~~~~~~~~~~~~~~~~~~~~~

Von Henry habe ich gelernt, mich nicht von Schlangen beißen zu lassen, während ich Feuerholz suche. Wie glücklich und zufrieden wir im Leben sind, hängt entscheidend von unserem Umgang mit unseren Gedanken und Gefühlen ab. Wir können Gefühle und Gedanken nicht kontrollieren. Wenn sie kommen, kommen sie. Aber wir können uns entscheiden, wie wir damit umgehen wollen. Seit ich Henry getroffen habe, gelingt es mir leichter, in der Gegenwart zu leben, die Dinge gelassener zu sehen und jetzt aktiv etwas anders zu tun, um heute einen Unterschied zu machen. Und immer dann, wenn es bei mir im Alltag wieder einmal heiß hergeht, ich die Gegenwart verliere und ich bemerke, dass sich mein Leben mehr um die Vergangenheit oder die Zukunft dreht als um das Hier und Jetzt, denke ich an Henry, der mir zuruft: »Hey Kumpel, was ist los? No worries, mate!« Dann muss ich lachen und es gelingt mir leichter, mich wieder auf das Hier und Jetzt zu fokussieren.

Entspann dich mal – Mit eigenen und fremden Erwartungen leichter umgehen

»Was habe ich bloß erwartet?«, frage ich mich, als ich enttäuscht auf meinen Campingstuhl sacke. Beverly, die mit mir am Lagerfeuer sitzt, fragt mich, was denn los sei, und ich erzähle von meinem Tag. Ich hatte mich so darauf gefreut, endlich die Höhlentour im Südwesten Australiens zu machen, und dann: Der Tourguide war komisch, die Gruppe viel zu groß, die Führung zu kurz und zudem hatte ich noch Kopfschmerzen. Bev lächelt verständnisvoll und sagt: »Das Leben wird sehr viel einfacher, wenn du damit aufhörst, von einem Apfelbaum Kirschen zu erwarten.«

Wie einfach man das ausdrücken kann! Nichts schmerzt so sehr wie eine enttäuschte Erwartung. Ich hatte mir gewünscht, dass die Höhlentour etwas Besonderes wird. Ein Highlight. Ein toller Guide, kleine Gruppe, ausgiebige Führung und dass es mir gut geht. Und dann kam alles anders. Meine hohen Erwartungen hatten meinen Blick für das getrübt, was realistisch war. Und ich war unzufrieden und frustriert.

Ich bin mir sicher, dass auch du solche Situationen kennst. Es ist ja ganz menschlich, etwas zu erwarten: vom Partner in der Beziehung, vom Chef im Job, vom Urlaub, der perfekt sein soll, und von uns selbst – eigentlich immer und überall. Wir alle haben Bedürfnisse, Hoffnungen und Träume, Wünsche und Ambitionen. Und je mehr ich darüber nachdenke, desto sicherer bin ich mir, dass es kaum einen wirksameren Weg gibt, sich das Leben schwer zu machen, als von sich und von anderen immer ein bisschen mehr zu erwarten, als realistisch ist.

Eine anspruchsvolle Haltung und hohe Erwartungen an dich und an andere sind wichtig, wenn du etwas erreichen möchtest, und sinnvoll, solange sie realistisch sind. Hängst du die Latte jedoch immer fünf Zentimeter höher, als du oder andere springen können, versaust du damit nicht nur dein Leben. Überzogene Ansprüche und Erwartungen enden schnell in einer negativen Spirale aus Unzufriedenheit und Frustration, Wut und manchmal Bitterkeit. Am Ende fühlen wir uns schlecht und von anderen und der Welt unverstanden und versinken im Selbstmitleid – so wie ich im Campingstuhl nach meiner Höhlentour, als ich dachte: Die Welt ist ungerecht.

Unser Chef soll unsere Leistungen sehen und wertschätzen, uns motivieren und unterstützen, offen und ehrlich kommunizieren und uns fair bezahlen. Vom Partner wünschen wir uns ewige Liebe und Treue, Erotik und Freundschaft, Aufmerksamkeit und Zuverlässigkeit. Unsere Kinder sollen brav und ordentlich sein, gute Schulnoten nach Hause bringen und Tante Erna immer nett und höflich guten Tag sagen. Von Freunden erwarten wir Loyalität und Zuspruch, Hilfe in der Not und ein offenes Ohr. Und von uns selbst? An uns selbst haben wir den Anspruch, schlank und schön und fit und erfolgreich und zufrieden und glücklich zu sein – und das am besten immer und überall. Das ist auf jeden Fall eine Menge Ansprüche und einige dieser Erwartungen sind dauerhaft sicherlich nicht erfüllbar. In einer idealen Welt vielleicht, aber die Welt ist nicht ideal. Der Maßstab ist – realistisch betrachtet – zu groß.

Wenn du zu viele und zu hohe Erwartungen an dich und andere stellst, wirst du zwangsläufig enttäuscht werden – und vorbei ist's mit dem leichten Leben, mit der Zufriedenheit und der Gelassenheit. Was also tun? Hätte ich meine Erwartungen an die Höhlentour einfach streichen sollen? Nach dem Motto: Wer nichts mehr erwartet, kann auch nicht mehr enttäuscht werden? Diese vermeintlich schnelle Lösung wäre keine. Denn auch dahinter steckt ja eine Erwartungshaltung: Die Tour, der Tourguide, die Gruppe und ich selbst werden mich enttäuschen. Also nehme ich schon jetzt vorweg, dass alles ganz, ganz schlecht und scheußlich wird. Die vermeintliche Gelassenheit entspringt einer vorweggenommenen Enttäuschung – das Leben würde dadurch ziemlich grau und freudlos.

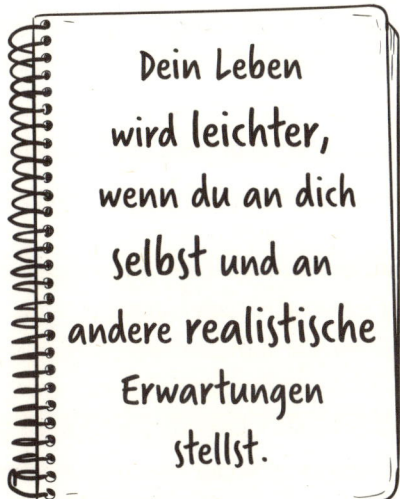

Dein Leben wird leichter, wenn du an dich selbst und an andere realistische Erwartungen stellst.

Was wirklich wirkt, ist eigentlich ganz einfach: Zwischen zu hohen Erwartungen und gar keinen Erwartungen liegen Erwartungen, die realistisch sind. Die Lösung lautet: Prüfe das, was du von dir und von anderen erwartest, und wenn du erkennst, dass deine Erwartungen zu hoch sind (das erkennst du daran, dass du dauergehetzt und dauergestresst, dauerfrustriert und dauerunzufrieden bist), ersetze sie durch realistische Erwartungen. Fokussiere dich auf die Frage: Was ist realistisch?

Lass uns noch einmal Klartext reden: Von gänzlich unrealistischen und damit nie erfüllbaren Erwartungen solltest du dich wirklich ganz verabschieden. Da hilft kein Zurückschrauben, da hilft nur komplett loslassen. Ein Apfelbaum wird niemals Kirschen tragen – soll er ja auch gar nicht.

Aber woran erkennen wir realistische Erwartungen? Im Alltag erwarten viele Menschen von sich selbst, von anderen und von den Dingen, dass sie perfekt sind. Der Druck, den wir uns machen und den andere aufbauen, ist enorm. Die anspruchsvolle Haltung wird teils durch unsere Eltern und Kindheit geprägt, teils von uns selbst, um uns etwas zu beweisen, und teils durch gesellschaftliche Normen vorgegeben. Dazu kommen reale oder digitale Vorbilder, die unseren Ehrgeiz und unsere Ambitionen wecken. Das kann schnell zu perfektionistisch überhöhten, unrealistischen Ansprüchen führen, die andere in uns schüren, die so zu unseren eigenen Erwartungen werden, die wir dann auch an andere stellen.

Dahinter stecken Idealvorstellungen, wie das Leben, die Welt um uns herum, die anderen und auch wir selbst sein sollten. Der Vater wollte zum Beispiel, dass wir die Kanzlei übernehmen, dafür Jura studieren und mit Prädikatsexamen abschließen – obwohl wir viel lieber Meeresbiologie studiert hätten. Es wurde Jura, inklusive Promotion mit summa cum laude, und heute erwarten auch wir von uns und von anderen Höchstleistung bis zur Selbstaufgabe. Vielleicht erwarten wir sogar noch Zufriedenheit und Erfüllung in einem Beruf, der nie unserer Leidenschaft und unseren Stärken entsprochen hat.

Ein anderes Beispiel: In unserer Gesellschaft gilt: erst die Arbeit, dann das Vergnügen. Das Problem ist nur, dass die Arbeit niemals endet. Der Chef hat immer noch eine weitere Aufgabe für uns in der Schublade, wenn wir mit unseren Aufgaben durch sind. Besonders, wenn die enorm engagierte Kollegin ohne Murren Überstunden schiebt und der Chef deshalb meint, es müsse immer so weitergehen, das sei normal. Chefs, aber auch wir selbst, erheben eine Ausnahme oft zur Regel und leiten daraus eine überzogene Erwartungshaltung ab.

Und noch zwei Beispiele: Wenn wir krank sind und unser Partner neben dem Job dankenswerterweise auch noch den ganzen Haushalt schmeißt, wie schnell sind wir dann, kaum gesundet, der irrigen Annahme, dass das so weitergehen muss? Oder wenn wir die Fotos der Influencerin auf Insta sehen, die um die Welt reist und gerade am Strand von Teneriffa steht (die Fotos sind aber auch wirklich traumhaft perfekt), muss unser Urlaub aber mindestens genauso wahnsinnig toll werden – oder zumindest die Fotos vom Strand, die wir auch auf Insta und TikTok posten wollen.

Du weißt, was ich meine. Das Leben wird zum Rennen, und wenn wir uns nicht fragen, wohin wir wirklich wollen, was uns wirklich wichtig ist und was davon realistisch machbar ist, für uns und für andere, dann war's das mit der Leichtigkeit und Zufriedenheit.

Und wie ist das im Outback? Die Menschen, die ich hier draußen treffe, scheinen entspannter, gelassener und zufriedener zu sein – auch wenn das Leben und Arbeiten im Outback nicht einfach ist. Vielleicht haben sie ein Geheimrezept dafür, wie man mit überzogenen Erwartungen an sich selbst und an andere leichter umgeht. Im Gespräch mit Bev, die hier draußen als Köchin auf einer großen Farm arbeitet, habe ich vor allem fünf Dinge gelernt, die auch dir in deinem Alltag helfen können, um realistische Erwartungen an dich und andere zu stellen:

1. Dankbarkeit. Die Menschen hier draußen sind dankbar für das, was sie haben.
2. Grundsatz der Selbstverantwortung. Niemand erwartet, dass andere die Arbeit für sie erledigen oder sie glücklich machen.
3. Die Menschen reden offen über das, was sie wollen und brauchen. Sie warten nicht darauf, dass andere ihre Gedanken lesen können.
4. Erwartungen sind keine Einbahnstraße. Keiner erwartet von anderen etwas, das er nicht selbst erfüllen will und kann.
5. Ein Versprechen wird immer gehalten. Ein Wort ist ein Wort. Es gilt: Verspreche nichts, was du nicht halten kannst.

Und noch etwas: Gut ist gut genug und genug ist genug. Die Leute im Outback wissen, dass es »perfekt« nicht gibt. Wo die Natur den Takt vorgibt, versucht man nicht, dagegen anzukämpfen – sondern mit dem zu arbeiten, was da ist.

Wenn du dich jetzt fragst, wie du diese Outback-Prinzipien in deinen Alltag einbauen kannst, dann habe ich eine Antwort für dich. Überlege zuerst einmal, welche Erwartungen du im Job, in der Beziehung, im Sport, im Urlaub oder sonst wo an dich selbst und an andere stellst. Notiere dir auch, welche Ansprüche andere an dich stellen. Welche Erwartungen sind das? Was erwartest du von deinem Partner und von deinen Kindern, von deinen Kollegen und vom Chef? Was erwarten deine Eltern oder Freunde von dir? Und was erwartest du von dir selbst?

	Deine Erwartungen an dich selbst	Deine Erwartungen an andere	Erwartungen anderer an dich
im Job			
in der Freizeit			
in der Beziehung			

Ganz gleich, welche Erwartungshaltung du hast und ob du im Job oder privat mit schwierigen Zeitgenossen klarkommen musst, der erste Schritt zu realistischen Erwartungen an dich selbst und an andere ist immer die Selbstreflexion.

Sechs Fragen zur Selbstreflexion

1. Bist du dankbar für das, was du hast?
2. Gelingt es dir zu akzeptieren, dass kein anderer außer dir für deinen Erfolg und dein Glück verantwortlich ist?
3. Redest du offen über deine Wünsche und Bedürfnisse und teilst anderen mit, was du erwartest?
4. Bist du bereit und fähig, alles, was du von anderen erwartest, selbst zu erfüllen?
5. Hältst du deine Versprechen ein?
6. Und nicht zuletzt: Erlaubst du dir und anderen, dass gut gut genug und genug genug ist?

Mit diesen sechs Fragen kannst du dich und deine Erwartungen immer wieder selbst überprüfen. Je häufiger du dabei nicken kannst, das heißt, je häufiger dir die Dinge gelingen, desto realistischer sind deine Erwartungen. Das erkennst du daran, dass du überwiegend zufrieden, entspannt und gelassen leben kannst – wenn es in deinem Umfeld nicht zu viele schräge Zeitgenossen gibt, die dir das Leben schwer machen.

Leider gibt es davon eine Menge auf der Welt – schräge Zeitgenossen, denen man zu oft begegnet und die überzogene Erwartungen an uns stellen. Ob im Job, im Freundeskreis oder in der Familie. Bei vielen von uns fängt das schon in der Kindheit und in der Schule an. Wenn die Eltern zum Beispiel erwarten, dass die Kinder immer Bestnoten mit nach Hause bringen. Oder unter Freunden, wenn aus einem wirklich großen Gefälligkeitsdienst, den wir für einen Freund erledigt haben, ein Gewohnheitsrecht abgeleitet wird und wir das ab sofort immer machen sollen. Genauso im Job, wenn Mitarbeiter von Jahr zu Jahr bessere Ergebnisse erzielen sollen oder mehr schaffen müssen als im vergangenen Jahr – natürlich bei gleicher Bezahlung.

Kennst du solche Situationen? Ist das bei dir vielleicht ähnlich? Ja? Dann gilt es auch hier erst einmal nachzudenken, ob du mit diesen Zeitgenossen etwas verabredet oder vereinbart oder ihnen etwas versprochen hast, das eine solche Erwartungshaltung dir gegenüber rechtfertigt. Ist dem so, solltest du dringend damit aufhören, Dinge zu vereinbaren oder zu versprechen, die du nicht halten kannst oder nicht halten möchtest. Mehr Leichtigkeit durch Seinlassen. Wenn du weniger versprichst, musst du auch weniger halten. Dein Leben wird leichter, sobald du darauf achtest, wem du wann und was versprichst.

Hast du kein Versprechen gegeben und auch nichts vereinbart, solltest du mit dem schrägen Zeitgenossen schnell und offen sprechen und ungerechtfertigte Ansprüche und Erwartungshaltungen entschärfend klären – bevor etwas eskaliert.

Das bringt mich zu meiner zehnten Outback-Erkenntnis: Du und ich und alle Menschen haben Erwartungen, Vorstellungen und Annahmen darüber, wie andere, wie wir selbst und wie die Welt im Allgemeinen sein sollen. Das können wir nicht abstellen. Wir müssen aber auch nicht an Idealvorstellungen leiden und verzweifeln. Unser Leben wird dann leichter, wenn wir mit eigenen und fremden Erwartungen entspannter, das heißt realistischer umgehen. Den ersten Schritt hast du bereits gemacht. Du hast dir deine eigenen Erwartungen und die Erwartungen, die du in anderen schürst, selbst bewusst gemacht.

Im zweiten Schritt kannst du dir immer wieder die sechs Outback-Prinzipien vor Augen führen und in deinen Alltag einbauen. Also, nicht alle auf einmal! Mach's dir leicht, und mach das, was für dich gut funktioniert. Nutze dazu die folgenden drei Tipps:

Tipp: Frage dich, wozu du bereit und wozu du fähig bist

Überlege dir, was du willst. Überlege dir aber auch, wie hoch deine Bereitschaft ist und wie ausgeprägt deine Fähigkeiten sind, um etwas für das zu tun, was du willst. Ein Beispiel: Du möchtest Karriere machen. Wie viel Zeit und Energie bist du bereit, dafür einzusetzen? Karriere ohne Zeiteinsatz funktioniert nicht. Oder in der Freizeit: Du möchtest als Schlagzeuger in einer Band spielen? Wie gut ausgeprägt ist dein Rhythmusgefühl? Leichtigkeit geht oft dann verloren, wenn wir mehr wollen, als wir bereit oder fähig sind, dafür einzusetzen. Dann neigen wir dazu, von anderen zu erwarten, dass sie »es« für uns richten und dass sie uns glücklich machen. Eigentlich ist die Gleichung ganz einfach. Um etwas zu bekommen, müssen wir etwas geben.

Im Busch lernt man dieses Prinzip schnell. Zum Beispiel auf einer Wanderung im Regenwald. Die Vorstellung davon ist fantastisch. In der Realität musst du für dieses tolle Erlebnis bereit sein, zu schwitzen und mit Moskitos umzugehen. Ohne diese Bereitschaft gibt es kein entspanntes Regenwalderlebnis. Andere Leute können dir die Anstrengung, die Luftfeuchtigkeit und die Stechmücken nicht abnehmen. Du musst dich darauf einlassen, zu schwitzen und zu schnaufen, zu stolpern und die Moskitos zu vertreiben, damit du das Glücksgefühl der Regenwaldwanderung erleben kannst.

~~~~~~~~~~

Der Grundsatz der Selbstverantwortung und damit die Erkenntnis, dass wir allein für unser Glück verantwortlich sind, steht am Anfang auf dem Weg zu mehr Leichtigkeit. Damit ist der erste wichtige Schritt getan. Und auch, wenn dieser Schritt, die Erkenntnis der Selbstverantwortung, nicht immer einfach ist, vereinfachst du dein Leben damit enorm. Denn auf dich selbst und auf das, was du täglich tust, um dein Leben zu leben und deine Ziele zu erreichen, kannst du Einfluss nehmen. Wenn du selbst Verantwortung übernimmst, dann wirst du selbstwirksam, und wer selbstwirksam ist, der fühlt sich den Dingen nicht hilflos und ohnmächtig ausgeliefert. Im zweiten Schritt geht es darum zu akzeptieren, dass wir alle keine Gedankenleser sind, sondern miteinander reden müssen, um herauszufinden, was wir wollen und was wir brauchen. Als Kind haben wir noch gezeigt, wie es uns geht, und gesagt, was wir brauchen. Kinder fragen jeden, nach allem und immer. Wenn wir älter werden, verlernen wir diese offene Art uns mitzuteilen und miteinander umzugehen. Doch was wir einst konnten, können wir auch wieder machen. Wir müssen nur daran denken.

Tipp: Öfter mal was sagen und ab und an auch fragen

Eigentlich logisch: Kein Mensch kann Gedanken lesen – du selbst nicht und auch nicht dein Chef, dein Partner, deine Kinder oder deine Freunde. Und doch erwarten wir vom Chef, dass er bemerkt, was wir leisten und was wir brauchen – ohne dass wir es ihm sichtbar machen. Vom Partner wollen wir, dass er uns unsere Wünsche von den Augen abliest. Und wir selbst setzen uns unter Druck, indem wir das Gleiche von uns erwarten – immer richtig zu handeln, obwohl wir gar nicht wissen, was der andere eigentlich braucht. Dabei ist es einfach: Frage deinen Partner oder Chef, deine Kinder oder Freunde, was sie brauchen, dann kannst du dich entscheiden, ob du ihnen das geben kannst und willst. Und sei nicht zu zurückhaltend. Sage den Menschen um dich herum, was du brauchst. Mach dich und deine Bedürfnisse sichtbar. Die Chance, dass dein Leben dadurch leichter wird, ist hoch.

Im Outback geht es gar nicht anders, als schnell und offen miteinander zu reden. Stehst du zum Beispiel mit Plattfuß auf der Piste und kommt irgendwann mal jemand vorbei, wirst du mit Sicherheit gefragt, was du brauchst. Oder andersherum: Du sagst G'day* und bittest schnell um Hilfe, wenn du etwas brauchst. Andernfalls steckst du vielleicht

---

* *G'day* ist eine australische Form der Begrüßung und heißt »Guten Tag«.

mehrere Tage hier draußen fest, weil es ziemlich lange dauern kann, bis das nächste Fahrzeug vorbeikommt.

~~~~~~~~~~~~~~~~~~~~~~~~~~~~

Eine der einfachsten und zugleich wirksamsten Methoden für mehr Zufriedenheit und Leichtigkeit im Leben lautet: dankbar sein. Probier's mal aus.

~~~~~~~~~~~~~~~~~~~~~~~~~~~~

Tipp: Dankbar sein

Führe ein Dankbarkeitstagebuch. Das hört sich groß und aufwendig an – ist es aber nicht. Du kannst auch einen Notizblock nehmen oder eine App dazu verwenden. Jedenfalls schreibe dir einmal am Tag eine Sache auf, für die du an diesem Tag dankbar bist. Das war's. Du brauchst dafür zehn Sekunden, vielleicht eine halbe Minute. Vielleicht bist du dankbar dafür, dass du in einem Rechtsstaat lebst und deine Meinung frei äußern kannst. Oder es geht dir gut damit, dass du genug zu essen im Kühlschrank hast und dass du zum Arzt gehen kannst, wenn du krank bist, dass du im Job ganz gut verdienst oder dass deine Kinder gesund sind. Wer dankbar ist, kann nicht unzufrieden sein. Allein durch diese kleine Übung fokussierst du dich automatisch mehr auf das, was zählt. Und deine Energie fließt genau dorthin.

Im Outback, abends am Lagerfeuer, denke ich oft darüber nach, wie der Tag verlaufen ist und wofür ich besonders dankbar bin. Mal ist es die sichere Fahrt über eine gefährliche Piste oder die atemberaubende Schönheit der Natur, die mir Ruhe und Erfüllung gibt. Mal ist es der praktische Buschcampingplatz mit Buschdusche nach einem heißen Tag oder der leckere Tee am Abend, nachdem ich mein Camp aufgebaut habe. Und dankbar bin ich immer für die Menschen, die ich hier draußen treffe und die ihre Geschichten mit mir teilen, am Lagerfeuer unter dem Sternenhimmel.

Von Bev habe ich gelernt, dass überzogene Erwartungen ganz schön runterziehen können. Eigentlich war es ja klar, dass eine öffentliche Höhlentour keine Privatführung ist. Auch, dass ein Tourguide mal schräg drauf ist oder ich mal Kopfschmerzen habe, ist eigentlich nichts Außergewöhnliches. Wenn ich mich heute von mir selbst, von anderen Menschen oder Dingen enttäuscht fühle, überlege ich erst einmal, was ich eigentlich erwartet habe und wovon ich mich vielleicht habe täuschen lassen. Dann denke ich an das, was ich hier draußen gelernt habe, und erinnere mich an Bevs Worte: »Das Leben wird sehr viel einfacher, wenn du damit aufhörst, von einem Apfelbaum Kirschen zu erwarten.«

Das Auto der Nachbarn – Es macht einen Unterschied, mit wem wir uns vergleichen

Emma und John sind auf einem Roadtrip durch Australien unterwegs, als ich sie in Western Australia treffe. Die beiden haben alles verkauft, verschenkt oder auf die Müllhalde geworfen, was Sie besaßen und im Leben nie wirklich gebraucht haben. Seit mehr als vier Monaten sind sie im geländegängigen Wohnmobil *on the road*. Alles, was sie noch besitzen, passt in ihren Camper – und der ist überschaubar klein. Warum sie das machen, frage ich die beiden, und Em antwortet: »Unser Leben war so voll mit Zeug, und wir haben so viel Zeit damit verbracht, danach zu jagen. Unsere Schränke waren vollgestopft mit Dingen, die wir nicht gebraucht haben, und unsere Kalender waren übervoll mit Terminen, die wir nicht mochten. Das hat sich so unfrei angefühlt, das wollten wir nicht mehr.«

Ich habe länger über Ems und Johns Geschichte nachgedacht und mich gefragt, wem oder was wir eigentlich das ganze Leben lang hinterherrennen, um irgendwann festzustellen, dass wir unser ganzes Leben lang gerannt sind, statt zu leben. Warum denken wir, dass wir nur dann genauso gut wie die anderen Leute sind, wenn wir die Dinge kaufen, die diese Leute kaufen, und die Dinge tun, die diese Leute tun – obwohl wir es uns finanziell oft nicht leisten können und obwohl das, was wir kaufen, uns oft gar nichts nützt? Statt uns zu fragen, was für uns wirklich wichtig ist, und zu überlegen, wie wir unser Leben leben wollen, rennen wir noch ein bisschen schneller. Wir kaufen uns noch ein wenig mehr Zeug, das wir nicht brauchen, mit Geld, das wir nicht haben, um Leute zu beeindrucken, die wir nicht mögen. Und dafür arbeiten wir noch ein bisschen härter – in einem Job, der uns oft gar nicht erfüllt.

Welchen Unterschied macht es für dich, wenn du dich ständig mit Menschen vergleichst, die mehr Geld, mehr Follower, mehr Abschlüsse oder Titel und ein größeres Auto haben als du? Wir bekommen von Hochglanzmagazinen, Instagram, Influencern, Reality-TV-Hosts etc. vorgeführt, dass unser Bankkonto nicht dick genug ist, wir zu klein sind, unser Bauchfettanteil zu hoch ist, wir uns nicht cool genug anziehen oder irgendetwas anderes mit uns nicht stimmt. Wir sollen uns für unsere Augenbrauen schämen, für unsere Falten, den Inhalt unseres Kühlschranks und so weiter und so fort. Wir glotzen auf Bildschirme, vergleichen uns mit Leuten, die gar nichts mit uns zu tun haben, sorgen uns, dass wir, so wie wir sind, nicht okay sind, und unser Leben fühlt sich kompliziert und hektisch an.

Und doch vergleichen wir uns Tag für Tag mit allen möglichen Menschen. Wir messen uns mit Super Size Zero Models und fühlen uns Super Plus Size fett. Wir vergleichen uns mit Internet-Millionären und fühlen uns arm wie Kirchenmäuse. Beißen wir genüsslich in unser Grillsteak, ruft das vegane Gewissen des Ernährungsgurus auf Insta: »Lass das sein, du bringst dich um«, und vorbei ist's mit dem Genuss. Und so geht es weiter. Den ganzen Tag lang. Und am Abend wundern wir uns darüber, dass wir unzufrieden, neidisch und schlecht drauf sind.

Dabei liegt das Problem gar nicht darin, dass wir uns mit anderen vergleichen. Der soziale Vergleich, so nennen es die Psychologen, ist ganz natürlich und den können wir auch nicht abstellen. Wir orientieren uns an anderen und bekommen dadurch Impulse und Ideen für unser eigenes Leben. Es ist vollkommen okay, dass wir das tun. Es ist auch vollkommen okay, dass es dünne und dicke und arme und reiche Menschen gibt, dass sich der eine vegan und die andere von Fleisch ernährt. Es ist auch kein Problem, dass manche Menschen viel reisen, die anderen lieber zu Hause bleiben, einige lieber Fahrrad fahren und andere leidenschaftlich gerne mit dem Auto unterwegs sind, manche gerne lesen und manche eben lieber fernsehen. Das Problem ist, dass wir inmitten der medialen Informationsflut verlernt haben, bewusst zu unterscheiden, mit wem wir uns vergleichen. 24/7 prasseln die Erfolgsgeschichten anderer auf uns ein, die – egal, ob sie wahr sind oder nicht – bei uns einen üblen Nachgeschmack von »Ich bin nicht okay, so wie ich bin« hinterlassen. Wir fühlen uns im Dauerdefizit.

Stelle dir einmal vor, du würdest die Zeit und Energie, die du in der medialen Dauerschleife verbrauchst, auf die Dinge richten, die für dich wirklich zählen, auf die Dinge, die wirklich einen wertvollen Unterschied für dich, für deine Ziele und für deine Beziehungen machen. Du musst ja nicht gleich alles verkaufen und zu einem Roadtrip durch Australien aufbrechen, so wie Em und John. Doch worauf wartest du eigentlich? Warum überlegst du nicht hier und jetzt, was für dich wirklich wichtig ist und welche Menschen in deiner realen und digitalen Umgebung diese Werte genauso schätzen wie du?

> Was ist für dich wirklich wichtig? Und welche Menschen in deiner Umgebung stehen für diese Werte?

Indem du dir deine Werte bewusst machst und dich entscheidest, mit wem du dich vergleichst und wovon du dich beeindrucken lässt, machst du einen Unterschied in deinem Leben. Em und John haben einen Schnitt gemacht, um sich auf ihrem Roadtrip darauf zu besinnen, was für sie wirklich zählt. Und genau das kannst auch du tun. Ob du dir dafür Urlaub oder eine längere Auszeit nimmst, ob du dafür am Wochenende mal allein wandern gehst oder dir täglich eine halbe Stunde Zeit nur für dich gönnst – das bleibt dir überlassen. Wichtig ist lediglich, dass du es tust und dass du dich dabei nicht stören lässt. Ungestörte Ruhe ist ein starker Helfer, wenn wir uns daran erinnern wollen, was für uns wirklich wichtig ist, und wenn wir unseren Wertekompass wieder einmal neu justieren wollen.

In der Natur ist das einfacher, weil es da schlichtweg nicht so viele Menschen und auch kein Internet gibt und weil draußen in der Natur andere Werte zählen, als wir sie auf Insta, TikTok & Co. gezeigt bekommen. Die Menschen, die ich unterwegs im Outback treffe, fragen nicht danach, ob ich studiert habe oder wie viel ich verdiene. In Down Under redet man generell sehr viel weniger über Arbeit, Geld, Status oder Erfolg. Hier begegnet man sich auf Augenhöhe von Mensch zu Mensch – besonders draußen im Outback. In Australien gilt ein ungeschriebenes Gesetz: Alle Menschen sind gleich, egal ob Millionär oder Müllmann, und man lässt niemanden schlecht aussehen, indem man sich selbst über ihn stellt.

Was zählt, sind Werte wie Freundschaft und Hilfsbereitschaft, Loyalität und Zuverlässigkeit, Bescheidenheit und Großzügigkeit, Humor und Freiheit. Mich beeindruckt das immer wieder. Und ich orientiere mich gerne an den Menschen mit diesen Werten. Es geht nicht um den Geländewagen, der größer und stärker ist als meiner. Es geht auch nicht um teure Satellitentelefone, bessere Zelte oder bequemere Campingstühle. Es geht darum, zu leben und leben zu lassen, sich zu helfen, wo man sich helfen kann, und darum, was jemand tut – nicht darum, was er sagt, dass er tun würde, wenn erst dies und das und jenes gegeben wäre.

Im Alltag fällt es oft schwer, bewusst zu unterscheiden, mit welchen Menschen wir uns vergleichen und wovon wir uns beeindrucken lassen, weil es schlichtweg massenhaft Menschen gibt – und das Internet. Wenn wir nicht aufpassen, dann spielt unsere biologische Programmierung, unser Dreierteam aus Orientierungsreflex, Dopamin und Sozialvergleich, ein anstrengendes Spiel mit uns. Und wir rennen und rennen und kommen doch nicht an. Möchtest du das? Sicher nicht. Musst du auch gar nicht. Hier ist eine kleine Anleitung, wie du das Spiel bestimmst, anstatt dich davon bestimmen zu lassen. Gehe dabei in zwei Schritten vor. Dein Weg zu mehr Leichtigkeit entsteht wieder dadurch, dass du ihn gehst:

Schritt eins: Besinne dich hier und jetzt darauf, was dir wirklich tief in deinem Herzen wichtig ist. Mache dir bewusst, wie du als Mensch leben und wie du täglich handeln möchtest. Besinne dich auf deine Werte – als Kompass, der dir Richtung im Leben geben kann. Unterscheide dabei zwischen Zielen und Werten. Werte sind keine Ziele, die du erreichen kannst. Werte sind das Fundament für Ziele und beschreiben, was du täglich machen kannst, um so zu leben, wie du leben möchtest. Das ist ein entscheidender Unterschied zu Zielen. Ziele kannst du auf einer Liste abhaken. Du erkennst Ziele daran, dass du sie erreichen kannst, dass du etwas haben möchtest oder etwas fertig machen willst. Mit Werten ist man nie fertig. Werte lebst du Tag für Tag.

Einen Berggipfel zu besteigen, ist zum Beispiel ein Ziel. Stehst du auf dem Gipfel, hast du dein Ziel erreicht. Fit und gesund zu leben, ist ein Wert – danach kannst du täglich handeln, auch wenn du durch ein Handicap nicht mehr auf einen Berggipfel steigen kannst. Einen Masterabschluss zu erreichen, ist ein Ziel. Hältst du die Masterurkunde in Händen, hast du dein Ziel erreicht. Dein Leben lang offen, neugierig und lernbereit zu bleiben, ist ein Wert – danach kannst du dein Leben lang handeln, auch wenn du als Opa oder Oma vielleicht nicht mehr zur Uni gehen wirst. Unter den Tipps zur

Vertiefung findest du ein kleines spannendes Video von dem australischen Arzt und Psychotherapeuten Dr. Russ Harris zum Thema »Werte und Ziele«.

Hier habe ich für dich einmal 100 Begriffe notiert. Jeder einzelne Begriff steht für einen Wert. Es gibt buchstäblich Hunderte unterschiedliche Werte. Die nachfolgende Liste der 100 zeigt dir eine Auswahl, mit der viele Menschen etwas anfangen können. Wahrscheinlich sind nicht alle aufgeführten Werte relevant für dich. Vielleicht fehlt auch ein Begriff, der einen für dich sehr wichtigen Wert beschreibt; dann ergänze die Liste einfach. Wichtig ist: Es gibt keine »richtigen« oder »falschen« Werte. Es gibt einzig und allein die Werte, die für dich wichtig sind, die ausdrücken, wie du dein Leben leben willst.

Was ist dir wirklich wichtig im Leben?

Abenteuer	Entscheidungs-freude	Innovation	Sauberkeit
Achtsamkeit	Fairness	Integrität	Selbstdisziplin
Agilität	Fleiß	Klugheit	Selbstvertrauen
Aktivität	Flexibilität	Kontrolle	Seriosität
Akzeptanz	Freiheit	Kreativität	Sexualität
Altruismus	Freude	Leichtigkeit	Sicherheit
Anerkennung	Freundlichkeit	Leidenschaft	Solidarität
Anstand	Frieden	Leistung	Sparsamkeit
Ansehen	Fürsorglichkeit	Liebe	Spaß
Ästhetik	Geduld	Loyalität	Spiritualität

Aufgeschlossenheit	Gelassenheit	Mitgefühl	Teamgeist
Authentizität	Gemütlichkeit	Mut	Toleranz
Ausgeglichenheit	Gerechtigkeit	Nachhaltigkeit	Transparenz
Begeisterung	Gesundheit	Nächstenliebe	Treue
Beharrlichkeit	Glaubwürdigkeit	Offenheit	Unabhängigkeit
Bescheidenheit	Großzügigkeit	Optimismus	Unbestechlichkeit
Besonnenheit	Güte	Ordnungssinn	Verantwortung
Dankbarkeit	Harmonie	Pflichtgefühl	Verlässlichkeit
Demut	Herzlichkeit	Pragmatismus	Vertrauen
Disziplin	Hilfsbereitschaft	Professionalität	Weitsicht
Einfluss	Hoffnung	Pünktlichkeit	Willenskraft
Effizienz	Höflichkeit	Respekt	Würde
Ehrlichkeit	Humor	Rücksichtnahme	Zielstrebigkeit
Empathie	Idealismus	Ruhe	Zuverlässigkeit
Engagement	Individualität	Sanftmut	Zuversicht

Am besten nimmst du dir ein wenig Zeit und Ruhe und vielleicht machst du die folgende Übung sogar gemeinsam mit deinem Partner oder mit einem guten Freund. Schaue dir die Liste genau an und markiere die Werte, die für dich wirklich zählen. Unterscheide dabei danach, welche der Werte für dich *sehr wichtig* und welche Werte zwar *wichtig, aber nicht vorrangig* sind. Am besten verwendest du zwei verschiedene Farben dafür.

Welche Werte hast du markiert? Jetzt kannst du aus allen für dich sehr wichtigen Werten die fünf Werte auswählen, die dir in deinem Leben am allerwichtigsten sind. Die Werte, an denen du dein tägliches Verhalten ausrichten möchtest. Ein Beispiel: der Wert »Offenheit«. Bist du der Überzeugung, dass Menschen unterschiedlich sind und Unterschiede unser Leben lebenswerter machen? Ist es für dich wirklich wichtig, unterschiedlichen Menschen, die du in deinem Leben triffst, offen, ohne Vorurteile, ohne Kritik und ohne Bewertung zu begegnen? Und möchtest du, auch wenn es anstrengend ist, diese Offenheit in deinem täglichen Tun leben, zum Beispiel mit den Kollegen in deinem interkulturellen und diversen Team? Dann ist Offenheit für dich sehr wichtig. Ein anderes Beispiel: der Wert »Fairness«. Ist es dir wichtig, dass du und andere fair spielen? Was machst du zum Beispiel, wenn du die Möglichkeit hast, die Leistung deiner Kollegin Sarah vor dem Chef als deine eigene darzustellen? Spielst du fair und sagst, dass Sarah das geschafft hat? Und andersherum: Wie geht es dir, wenn der Chef deine Leistung als seine darstellt? Wenn du darunter leidest und wenn du Sarah die Lorbeeren ernten lässt, die ihr zustehen, dann ist Fairness ein wichtiger Wert für dich.

Fokussiere dich wirklich auf nur fünf Werte, die dir im Leben Richtung geben. Und schreibe dir deine fünf Werte hier noch einmal auf, um dich selbst daran zu erinnern, dass du für diese Werte stehst und danach handeln möchtest – Tag für Tag. Diese Werte sind dein Kompass in deinem Leben.

Notiere dir hier die fünf Werte, die für dich am allerwichtigsten sind:

1.
_____

2.
_____

3.
_____

4.
_____

5.
_____

Prüfe noch einmal: Sind es diese Werte, die deinem Leben seine Richtung geben? An denen du das, was du täglich denkst und tust, ausrichtest? Die auf deinem Grabstein stehen können und in der Grabrede auftauchen sollen, die von einem guten Freund für dich gesprochen wird, wenn du nicht mehr bist? Welche Werte tauchen vor deinen Augen auf, wenn du an deine eigene Grabrede denkst? Sind das eher Worte wie: Er hatte eine steile Karriere, ein Haus, drei Autos und ein Segelboot. Oder: Er war ein kluger Mensch, voller Leidenschaft, Offenheit und Liebe für das, was er tat. Und er konnte herzhaft lachen.

Schritt zwei: Jetzt überlege bitte, mit welchen Menschen du deine Zeit verbringst. Fokussiere dich dabei auf die fünf Menschen, mit denen du am häufigsten Kontakt hast. Mit wem lebst du zusammen? Mit wem arbeitest du zusammen? Mit wem verbringst du deine Freizeit?

Schreibe dir hier die Namen der fünf Personen auf, mit denen du die meiste Zeit verbringst:

1. _____

2. _____

3. _____

4. _____

5. _____

Und nun? Was bedeutet das nun für dein Leben? Du wirst staunen. Die fünf Personen, mit denen du die meiste Zeit verbringst, sind die Menschen, an denen du dich am meisten orientierst und die das, was du denkst und tust, am meisten beeinflussen. Schaust du in deinem Job zum Beispiel täglich den genervten, unmotivierten Kollegen zu, die sich montags schon wieder aufs Wochenende freuen und die keine Gelegenheit auslassen, über den Chef herzuziehen? Dann würde es mich nicht wundern, wenn du nach kurzer Zeit genauso unmotiviert und lustlos arbeitest – obwohl deine Werte eigentlich Leistung und Entwicklung und Wachstum sind. Und zu Hause: Mit wem lebst du zusammen und was ist für diese Menschen wichtig? Schaust du in deinen vier Wänden täglich in unzufriedene Gesichter, deren Leben überwiegend vor Bildschirmen stattfindet? Ruckzuck wirst auch du mehr und mehr in Bildschirme glotzen – obwohl für dich eigentlich die Werte Natur und Bewegung eine große Bedeutung haben.

Die Menschen, mit denen du die meiste Zeit im Job, zu Hause und in deiner Freizeit verbringst, beeinflussen das, was du denkst und tust, am nachdrücklichsten. Und damit sind die Menschen in deinem direkten Umfeld maßgeblich dafür verantwortlich, wie kompliziert oder leicht dein Leben ist. Du hast keine Chance, dich dagegen zu wehren. Du ahmst völlig unbewusst das Verhalten deiner unmittelbaren Umwelt nach, weil dein Gehirn darauf ausgelegt ist. Deshalb ist es so wichtig, dir einmal Gedanken darüber zu machen, inwieweit die fünf Menschen, mit denen du die meiste Zeit verbringst, und deine fünf wichtigsten Werte zusammenpassen.

Für dein Leben bedeutet das im Klartext: Wenn du ein leichtes und erfolgreiches Leben möchtest, dann fokussiere dich darauf, mehr Zeit mit den passenden Menschen zu verbringen, die deine Werte teilen und die auch daran interessiert sind, ein leichteres Leben zu leben.

Auf Reisen kannst du dich leicht entscheiden, mit wem du dich triffst, wovon du dich beeindrucken lässt und mit wem du dich vergleichst. Und das kannst du zukünftig auch im Alltag tun: dich entscheiden, mit wem du deine wertvolle Zeit verbringst.

Das bringt mich zu meiner elften hilfreichen Outback-Erkenntnis: Ich bin fest davon überzeugt, dass wir den sozialen Vergleich mit anderen nicht abstellen können. Sich zu vergleichen, ist uns einprogrammiert, so wie der Orientierungsreflex und das Dopaminsystem. Indem wir uns mit anderen vergleichen, orientieren wir uns in unserer Welt, finden Richtung und Antrieb. Was du jedoch beeinflussen kannst, ist dein unmittelbares tägliches Umfeld. Du entscheidest, mit wem du dich triffst und mit wem nicht. Änderst du etwas an deinem direkten Umfeld, dann ändert sich dein Verhalten automatisch. Du kannst dich entscheiden, mit wem du deine Zeit verbringst – und die passenden Menschen wählen, die deine Werte teilen. Und du kannst dich entscheiden, dein tägliches Handeln an deinen Werten auszurichten. Jede Veränderung fängt damit an, etwas anders zu machen als bisher. Nutze dazu die folgenden zwei Fokussierungs-Tipps:

Tipp: Wenn's ums Überleben geht

Spätestens wenn es ums Überleben geht, wird uns klar, was uns wirklich wichtig ist. Im Alltag haben wir zwar wenige Situationen, in denen es um Leben und Tod geht, aber wir können den Tod dennoch um Rat fragen. Stell dir vor, es ist so weit, dein Leben kommt langsam, aber sicher zum Ende. Du kennst die Übung vielleicht. Lass dich bitte darauf ein, wenn es dir möglich ist, und schreibe deine eigene kurze Grabrede. Was soll ein guter Freund über dich und dein Leben sagen, wenn du nicht mehr bist? Bei dieser Übung solltest du nicht erst lange nachdenken. Notiere das, was dir spontan in den Sinn kommt. Bewerte auch nicht, was dir einfällt. Schreibe es einfach auf. Wenn du dich fragst, was du am Ende deines Lebens gerne über dich hören würdest, gelangst du ohne Umwege zu deinen Werten. Diese Übung kann sehr konfrontierend sein. Schau einmal, wie es dir damit geht, und komme, wenn es jetzt nicht klappen sollte, zu einem passenderen Zeitpunkt darauf zurück.

Wenn du dich im Moment nicht zu dieser Übung durchringen kannst, musst du trotzdem nicht darauf verzichten, eine Antwort auf die Frage nach deinen Werten zu finden. Menschen, denen du sehr vertraust, leben in der Regel nach den gleichen oder ähnlichen Wertvorstellungen wie du – sonst wäret ihr euch nicht so nah. Das berücksichtigt der zweite Tipp:

Tipp: Wen rufst du an, wenn du in Not bist?

Die Antwort auf die Frage, wen du anrufst, wenn du in Not bist, zeigt dir, wem du vertraust, wer für dich wichtig ist und auf wen du zählen kannst. Wann hast du das letzte Mal mit diesem wertvollen Menschen Zeit verbracht? Rufe ihn doch heute einfach mal an.

Von Emma und John habe ich gelernt, dass wir manchmal einen Schnitt machen müssen, um uns auf das zu besinnen, was für uns wirklich wichtig ist. Manchmal braucht es einen *break*, um die Werte und die Menschen, die für uns wirklich zählen, »wiederzufinden« – die Werte und die Menschen, die einen Unterschied in unserem Leben machen. Wenn ich heute im Alltag merke, dass ich meine Werte aus den Augen verliere und vielleicht zu viel Zeit mit Menschen verbringe, die mir gar nicht guttun, lächle ich und denke an Em und John. Dann stelle ich mir die beiden vor, wie sie *on the road* durch Australien ziehen und ihre Werte wiederfinden – und mache eine Pause.

Bleib mal stehen – Wenn die schnelle Lösung zum Problem wird

18. Ich zähle 18 Mückenstiche an meinen Armen. Es ist Regenzeit im Norden Australiens. Bei über 30 Grad Celsius und nahezu 100 Prozent Luftfeuchtigkeit tanzen die Moskitos vor Freude. Und mich macht das Jucken der Stiche fast verrückt. Kurz davor zu kratzen, denke ich an Johanna, eine Sozialarbeiterin in einer Krankenstation im Outback, die ich vor zwei Jahren im Busch getroffen habe. Auch damals war Regenzeit. Auch damals haben mich die Mücken aufgefressen. Und damals habe ich gekratzt. Als Jo und ich am Lagerfeuer saßen und sie meine blutig gekratzten Stiche sah, fragte sie mich, was das soll. Ich fragte zurück, wie sie das meinte: was das soll? *»Na, was soll das, dein ganzer Arm ist entzündet!«* *»Ach so, das meinst du«*, gab ich zurück und erzählte, dass mich das Jucken verrückt mache und ich kratzen müsse. Jo lächelte und sagte: »Manchmal wird die schnelle Lösung zum Problem.«

Es hat mal wieder eine Weile gedauert, bis ich begriffen habe, was mir Jo damit sagen wollte. Du hast es schneller verstanden, oder? Es gibt Situationen im Leben, in denen wird unser intuitives, impulsives Verhalten zum Problem. Was machst du intuitiv, wenn ein Mückenstich juckt? Du kratzt. Was ist die Folge? Es juckt noch mehr und sehr wahrscheinlich entzündet sich der Stich. Voilà – die schnelle Lösung »kratzen« wird zum Problem.

Ich bin mir sicher, dass auch du solche Situationen kennst, in denen die schnelle Lösung langfristig keine ist, richtig? Du kommst gefrustet nach Hause und greifst instinktiv zur Keksdose. Die Schokokekse beruhigen deine Nerven und du fühlst dich wohler – und zwar genau so lange, bis du auf die Waage steigst. Du bist gestresst und gibst dem ersten Impuls nach, dich auf der Couch häuslich einzurichten. Die schnelle Lösung fühlt sich so lange gut an, bis du am nächsten Morgen verspannt und noch gestresster aufwachst, weil du dich wieder einmal null bewegt hast. Du bekommst eine E-Mail vom Chef, die dich auf die Palme bringt. Schon wieder eine neue Aufgabe für dich und der Kollege dreht Däumchen. Du reagierst impulsiv und schreibst dem Chef sofort zurück – was du fünf Minuten später bitter bereust.

Wenn wir mit Problemen konfrontiert werden, besonders wenn sie uns emotional berühren, wenn wir verletzt, gefrustet, gestresst, ängstlich, ärgerlich oder niedergeschlagen sind, neigen wir dazu, unserer Intuition und unseren Impulsen zu folgen. Unsere Impulse und unsere Intuition hindern uns aber manchmal daran, eine Strategie anzuwenden, die besser funktionieren würde. Dann erkennen wir zu spät, dass die schnelle Erleichterung »kratzen« oder die schnelle Befriedigung »Kekse mampfen« langfristig das Ursprungsproblem nur größer machen.

Wenn du dich jetzt fragst, was dann die Lösung ist, habe ich eine gute Nachricht für dich. Das Zauberwort heißt »kontraintuitiv«. Kontraintuitive Problemlösungsstrategien können eine große Hilfe für dich sein, um dich aus der Sackgasse zu befreien. Konkret heißt das: Mach's mal anders! Hast du ein Problem und funktioniert das, was du intuitiv oder impulsiv immer machst, nicht, dann probiere mal das Gegenteil davon aus. Kurz: Juckt der Mückenstich, lass ihn jucken. Eine halbe Stunde später hat sich das Problem von selbst erledigt.

> **Hast du ein Problem und funktioniert das, was du immer machst, nicht richtig, dann mach's mal anders!**

Das erinnert mich an meine ersten (und letzten) Tennisstunden als Jugendlicher. Mein Vater war der Meinung, dass ich Tennis spielen sollte, und brachte mich zur Tennisschule. Als die ersten Bälle mit einer ungeahnt hohen Geschwindigkeit auf mich zuschossen, habe ich mich intuitiv weggeduckt. Nur raus aus der Schusslinie, befahl mir mein Körper. Nach drei Trainingsstunden ging der Tennislehrer zu meinem Vater und flüsterte: »Du, ich glaube, das Geld kannst du dir sparen. Vielleicht ist eine andere Sportart besser für deinen Jungen.« Das war das Ende meiner Tenniskarriere.

Weißt du, was ich meine? Jeder einigermaßen erfolgreiche Tennis- oder Fußballspieler hat gelernt, die intuitive Erstreaktion, sich aus der Schusslinie zu bewegen, zu kontrollieren, stehen zu bleiben und sinnvoll zu handeln, wenn ein Ball auf ihn zuschießt.

Ausgesetzt in der Natur, gibt es viele solche Situationen, in denen wir besser kontraintuitiv handeln, wenn wir überleben wollen. Wenn ein Dingo, ein australischer Wildhund, angreift, sollte man stehen bleiben, den Dingo anschauen und Blickkontakt halten, während man sich langsam rückwärts zurückzieht. Dazu müssen wir unserer urmenschlichen intuitiven Erstreaktion widerstehen, schnell wegrennen zu wollen und dabei vielleicht sogar wild mit den Armen zu fuchteln. Unser instinktives Verhalten würde den Dingo zum Angriff reizen – und ein Dingo kann mit Sicherheit schneller rennen und fester zubeißen als wir. Auch wenn wir in einen Sturm mit Blitz und Donner geraten, sollten wir unserem Impuls widerstehen, die Beine in die Hand zu nehmen und Schutz unter einem Baum zu suchen. Stattdessen hocken wir uns mit dicht geschlossenen Beinen und Füßen (mit Glück in eine Mulde) hin, machen uns so klein wie möglich, indem wir die Arme um die Beine schlingen. Der Blitz sucht sich ja bekanntlich immer den höchsten Punkt in der Umgebung, in den er einschlägt. Und das ist eher der Baum als die kleine Beule auf der Erde, die wir in dieser Haltung darstellen.

Im Outback gelingt es uns leichter, den sprichwörtlichen Mückenstich jucken zu lassen, weil wir wissen, dass wir uns eine Infektion nicht erlauben können. Hier draußen sind die Konsequenzen intuitiven und impulsiven Verhaltens in manchen Situationen so gravierend, dass wir uns tunlichst selbst am Riemen reißen, um zu überleben. Im Alltag sind die Situationen oft nicht so eindeutig – und wenn wir einmal oder zweimal impulsiv oder intuitiv handeln, hat das noch keine so massiven Folgen.

Zum Beispiel öffnen wir morgens unser Mail-Programm, sehen darin 47 E-Mails und fangen automatisch damit an, die erste Mail zu beantworten. Schwups, werden wir davon so absorbiert, dass wir eben mal schnell durch alle Mails gehen; eineinhalb Stunden später haben wir alles abgearbeitet – und fühlen uns erst mal gut. Dem Dopamin sei Dank, das uns ein Belohnungsgefühl schenkt. Aber haben wir auch wirklich etwas geschafft? Haben wir uns in den 90 Minuten wirklich um das Wichtigste in unserem Job und für unsere Karriere gekümmert? Du kennst die Antwort. Spätestens wenn der Kollege befördert wird, der, statt Mails zu beantworten, mit dem Chef über wichtige Dinge spricht und sich dadurch sichtbar macht, während du immer noch Mails abarbeitest, fühlt sich das gar nicht mehr gut an.

Wenn wir einmal dem Mail-Abarbeitungsmodus freien Lauf lassen, ist das kein Problem. Wenn wir unserem Impuls häufiger nachgeben, statt kontraintuitiv zu handeln und die Mails erst einmal gar nicht anzuschauen – weil es beim Start in den Arbeitstag Wichtigeres zu erledigen gibt als Mails zu beantworten –, bildet sich ein Problemverhaltensmuster: Mails haben die Angewohnheit, mehr zu werden, wenn wir sie schnell beantworten. Wir kommen kaum hinterher, sind gestresst und versuchen, die Mails noch ein wenig angestrengter und noch ein wenig schneller zu beantworten. Wir rennen und rennen, statt innezuhalten – und rennen, die intuitive schnelle Lösung, wird problematisch für uns. So wie es für mich problematisch wurde, dreimal Gas zu geben, als ich im Matsch feststeckte, weil ich mich dadurch immer tiefer in den Schlamm gefahren habe. Bernie sei Dank konnte ich mich aus diesem Loch befreien.

Ein anderes Beispiel: Wir vermeiden es, im Meeting etwas zu sagen, weil wir uns nicht selbstbewusst genug fühlen. Biologisch gesehen ist diese intuitive schnelle Lösung verständlich. Wenn wir Angst vor etwas haben, vermeiden wir das, was uns Angst macht. Doch aus einmal vermeiden wird zweimal und dreimal, und auch die Situationen, die wir vermeiden, vermehren sich mit der Zeit. Dann sagen wir nicht nur nichts im Meeting, sondern auch in der Kaffeeküche bleiben uns die Worte im Hals stecken und im Gespräch mit dem Chef ebenso. Dadurch wird die Angst immer größer und unsere Karrierechancen werden immer kleiner. Möchtest du das? Sicher nicht. Die meisten Menschen, die ich kenne, wollen sich von dem natürlichen und wichtigen Gefühl der Angst nicht beherrschen lassen, sondern so damit umgehen können, dass sie zufrieden und leicht und erfolgreich leben können.

Und deshalb brauchen wir eine Antwort auf die entscheidende Frage, wie es uns auch im Alltag gelingen kann, in manchen Situationen das Gegenteil von dem zu machen, was uns unsere Biologie befiehlt. Diese Antwort gibt es. Das Geheimnis, mit dem es uns gelingt, stehen zu bleiben, wenn wir rennen wollen, oder nicht zu kratzen, wenn es juckt, lautet: Richte deine ganze Aufmerksamkeit auf die Lösung statt auf das Problem. Oder kurz: Ignoriere den Mückenstich.

Ich weiß, das hört sich verdächtig einfach an. Aber vertraue mir. Indem du deine Aufmerksamkeit weg vom Problem und auf die Lösung richtest, gelingt es dir leichter, kontraintuitiv zu handeln – also das Gegenteil von dem zu machen, worauf du biologisch eigentlich programmiert bist. Notiere dir einmal, was du in einer konkreten Problemsituation im Alltag normalerweise intuitiv oder impulsiv machst, was jedoch nicht funktioniert.

Die Problemsituation ist ...	Was du intuitiv immer machst, was jedoch nicht funktioniert

Wie ist das zum Beispiel, wenn du verspannt am Schreibtisch sitzt? Problem: Rückenschmerzen. Nimmst du dann eine Schonhaltung ein? Wenn du dich von außen sehen könntest, würdest du denken, dass das aber ganz schön krumm aussieht, wie der dasitzt? Bei Schmerzen fokussieren wir uns häufig auf den Schmerz, und unser intuitives Verhalten ist es, eine Körperhaltung einzunehmen, in der die Schmerzen weniger schmerzen. Erst mal ist das hilfreich – die schnelle Lösung eben. Aber du kennst das sicherlich: Das Ganze geht nicht gut aus. Die Erleichterung hält nicht wirklich lange an. Denn nach einigen weiteren Stunden, die du krumm sitzend verbringst, bist du noch verspannter als zuvor. Die schnelle Lösung ist keine.

Was wäre stattdessen die Lösung? Ein gesunder, starker Rücken. Was könntest du dafür tun? Was wäre eine längerfristig wirksame Lösung? Ein ergonomischer Bürostuhl oder ein höhenverstellbarer Schreibtisch? Physiotherapie oder mehr Sport? Oder einfach mal häufiger aufstehen und Pause machen? Statt weiter zu sitzen, eine Schonhaltung einzunehmen und dich darauf zu konzentrieren, dass der Schmerz weniger schmerzt, könntest du mal das Gegenteil von dem machen, was du bislang immer gemacht hast: statt sitzen bleiben aufstehen und Pause machen. Notiere dir zu den Problemsituationen von oben hier einmal, was eine gute Lösung für dich wäre und welches kontraintuitive Verhalten dich näher zur Lösung bringt.

Die Lösung wäre ...	Kontraintuitiv wäre ...

Bekommst auch du im Job zu viele Mails, von denen dich die meisten eigentlich nichts angehen? Und beantwortest du intuitiv alle möglichst schnell, um sie rasch vom Tisch zu haben? Dann werden die Mails immer mehr, weil die Leute denken: »Ist ja super, ich bekomme immer schnell eine Antwort.« Die schnelle Lösung verstärkt das Problem. Die wirkliche Lösung wäre ja, dass du erst gar nicht so viele Mails erhältst – nicht etwa, dass du noch schneller rennst und noch schneller auf noch mehr Mails antwortest. Also musst du das Gegenteil von dem machen, was du intuitiv normalerweise tust. Lass die unwichtigen Mails, die dich nichts angehen, liegen – verhalte dich kontraintuitiv.

»Kontraintuitiv« gilt auch für unsere Beziehungen zu anderen. Sind wir zum Beispiel unterschiedlicher Meinung und neigen wir intuitiv dazu, unser Gegenüber mit vielen Worten überzeugen zu wollen, dass unsere Meinung die richtige Meinung, und zwar die einzig richtige Meinung ist, verschwindet die Meinungsverschiedenheit nicht etwa – sondern sie wird eher größer. Die schnelle Lösung verstärkt das Problem. Und wir wundern uns. Wenn wir merken, dass das, was wir tun, nicht funktioniert, versuchen wir es oft einfach noch einmal, und zwar diesmal noch angestrengter und intensiver. Und irgendwann ist die Beziehung vorbei. Wenn wir stattdessen das Gegenteil von dem machen, was wir eigentlich tun würden, statt zu reden einmal zuzuhören oder besser noch zu fragen, wie der andere darüber denkt, dann haben wir eine echte Chance, die Meinungsverschiedenheit (auf-)zulösen.

Das bringt mich zu meiner zwölften Outback-Erkenntnis: Wenn die schnelle Lösung »kratzen« zum Problem wird, ist kontraintuitives Verhalten »jucken lassen« die Strategie der Wahl. Da das allerdings deiner biologischen Programmierung widerspricht, musst du dir etwas einfallen lassen, wie es dir gelingt, das Gegenteil von dem zu machen, was du intuitiv und schnell normalerweise machen würdest. Auf das Mückengift hast du keinen Einfluss. Ist es in der Blutbahn, fängt es an zu jucken. Worauf du allerdings einen Einfluss hast, ist die Situation, in der dich die Mücken stechen können, und dein Verhalten, wenn eine Mücke zugestochen hat.

Fokussiere dich auf das, was du willst, auf das, was für dich wirklich wichtig ist. Schreibe dir ein paar Stichworte dazu auf. Denken auf Papier ist wirkungsvoll. Je nachdem, wie weit die Dinge bereits vorangeschritten sind, kannst du Einfluss nehmen, indem du an einer deiner beiden Handlungsschrauben drehst: Ändere etwas an den äußeren Umständen, dann ändert sich dein Verhalten automatisch. Oder ändere direkt etwas an deinem Verhalten.

Tipp: Der Mückenstich, den es nicht gibt, juckt nicht

Vorher vorbeugen: Eine der wirksamsten Strategien, mit denen du dein Leben leichter machst, ist es, eine Situation gar nicht erst entstehen zu lassen, in der du dazu neigst, intuitiv falsch zu handeln. Plane ein wenig voraus. Wenn du keine juckenden Mückenstiche möchtest, verwende Mückenspray und eine entsprechende Kleidung, damit dich die Mücken gar nicht erst stechen. Der Mückenstich, den es nicht gibt, juckt nicht.

Gleiches gilt für viele Situationen im Alltag. Ich bin mir sicher, auch du kennst solche »Kurz vor«-Feuerwehreinsätze: kurz vor Abgabefrist deiner Steuererklärung, kurz vor einem Umzug, kurz vor einem Projektende, kurz bevor die Firmen-

Software umgestellt wird, kurz bevor die neue Chefin aus den USA kommt, die nur Englisch spricht, etc. Die Beispiele sind endlos. Die Konsequenzen immer die gleichen.

Manche Dinge werden ja erst durch fehlende Planung, Vorbereitung und Vorbeugung zu einem dringenden Problem. Bevor etwas geschieht, haben wir die größte Einflussmöglichkeit darauf, es erst gar nicht zum Problem werden zu lassen. *Davor* ist immer einfacher. Und auch davor ist es hilfreich, öfter mal das Gegenteil von dem zu machen, wozu wir normalerweise neigen: Einfach stehen bleiben, statt zu rennen, und uns fragen, was das Wichtigste ist, worum wir uns heute kümmern können, damit wir morgen ein leichtes Leben haben. Und genau dafür können wir dann auch eine Kleinigkeit tun.

~~~~~~~~~~~~~~~~~~~~~~~~~~

Manchmal lässt sich eine schwierige Situation selbst durch rechtzeitiges Vorbeugen nicht verhindern. Doch auch dann ist es nicht zu spät dafür, sich das Leben leichter zu machen. Denn wer ein Problem hat, kennt auch die Lösung und kann etwas tun. Dafür ist es nie zu spät.

~~~~~~~~~~~~~~~~~~~~~~~~~~

Tipp: Vom Problem zur Lösung

Hat die Mücke zugestochen, steckst du im Matsch oder hast du ein anderes Problem, kommt wieder deine Aufmerksamkeit ins Spiel. Lenke deine Aufmerksamkeit bewusst weg vom Problem und fokussiere dich auf die Lösung. Und, ja, du kennst die Lösung. Kein Mensch kann ein Problem haben, ohne auch die Lösung zu kennen. Ein Problem ist ja nichts anderes als eine Ist-Soll-Abweichung.

Du weißt, dass in vier Monaten die neue Chefin aus den USA kommt. Und du weißt, dass sie nur Englisch spricht. Deine Englischfähigkeiten sind noch mäßig. Du möchtest besser Englisch sprechen. Ist-Soll-Abweichung. Lösung: Englischkurs. Und dafür ist es auch nicht zu spät, wenn die neue Chefin schon da ist. Das Gleiche gilt für die neue Firmen-Software, die du schon seit zwei Monaten hättest erlernen können. Die Steuererklärung, für die du deine Belege bereits vor einem Jahr hättest sortieren können. Und so weiter und so fort. Wer ein Problem hat, kennt auch die Lösung. Wir scheuen vielleicht die Anstrengung davor, etwas dafür zu tun, oder fühlen uns unsicher, aber wir kennen die Lösung. Wenn du dich auf das fokussierst, was wirklich zählt, auf die Lösung, dann ist es sehr viel wahrscheinlicher, dass dein Leben leichter wird. Für die Lösung ist es nie zu spät.

~~~~~~~~~~~~~~~~~~~~~~~~~~~~

Von Jo habe ich gelernt, dass eine schnelle Lösung zum Problem werden kann, weil es schnelle, intuitive und impulsive Verhaltensweisen gibt, die ein Problem vergrößern. Wenn ich heute im Alltag merke, dass ich wieder einmal schnell reagieren will und eigentlich weiß, dass ich damit ein Problem nur größer mache, dann atme ich durch und überlege, was ich anders machen kann: zum Beispiel einfach mal eine kurze Pause einlegen. Und wenn mich ein Mückenstich juckt, denke ich an Johannas Worte »Manchmal wird die schnelle Lösung zum Problem«, lächle und lass ihn jucken.

Moskitos im Zelt – Es sind die kleinen Dinge, die einen Unterschied machen

Wenn ich auf meinen Touren im Outback abends mein Camp aufbaue und Moskitos um mich herumschwirren, muss ich an Jeff denken und lächeln. Jeff ist Farmer und seine Farm ist riesig. In Australien sind die Farmen so groß wie Bundesländer in Deutschland*, und Jeff arbeitet hart, um alles in Schuss zu halten. Als ich ihn treffe, frage ich ihn, ob er auf seinem riesigen Farmland überhaupt etwas bewirken kann, ob seine täglichen Handgriffe zu etwas führen, und er antwortet mir: »Wenn du glaubst, dass kleine Dinge keinen Unterschied machen, dann versuche mal, mit einem Moskito im Zelt einzuschlafen.«

Wie klar und einfach man die Dinge doch auf den Punkt bringen kann, findest du nicht? Wie oft glauben wir, dass wir gar nicht erst anfangen müssen, etwas zu tun, weil das, was wir tun können, sowieso keine große Auswirkung haben wird. Ob im Job oder privat, oft sehen wir einen unbezwingbaren Berg

---

* Das ist kein Witz: »Anna Creek Station« in Südaustralien ist die größte Rinderfarm der Welt. Mit einer Fläche von 23.677 Quadratkilometern ist sie in etwa so groß wie Mecklenburg-Vorpommern.

vor uns statt des Gipfels und der einzelnen Schritte, die nach oben führen. So ging es mir, als ich die enormen Ausmaße von Jeffs Farm gesehen habe und dachte, wie soll ein Handgriff hier auch nur irgendetwas bewirken. Doch ein Handgriff führt zum anderen und Kleinvieh macht auch Mist. Die fünf Euro, die wir täglich einsparen, wenn wir statt *Coffee to go Coffee from home* trinken, werden zu 1.825 Euro am Ende des Jahres – und vielleicht zum lang ersehnten Flugticket nach Hawaii. Der abendliche Spaziergang, vielleicht einen Kilometer lang, wird zu 365 Kilometern im Jahr, das sind achteinhalb Marathonstrecken – ein ordentlicher Beitrag zum Wohlbefinden. Eine Stunde Englischkurs pro Woche wird zu jährlich 52 Stunden Investment in unsere berufliche Zukunft – und vielleicht zum Karrieresprungbrett.

Und doch neigen wir dazu, den positiven Effekt der kleinen Schritte zu übersehen. In unserer wertvollen Zeit kümmern wir uns viel zu häufig um Dinge, die für uns, für unsere Ziele und Beziehungen oft unwichtig sind. Und mit unserem hart erarbeiteten Geld kaufen wir Zeug, das wir oft nicht brauchen. Am Ende des Tages fühlt sich die Welt dann kompliziert und hektisch an und wir wünschen uns mehr Leichtigkeit. Am besten soll dann gleich *alles* leichter werden, und wir träumen davon, unser ganzes Leben zu ändern. Dabei besteht das »ganze Leben« aus einzelnen Tagen, und wir können unser Leben nur ändern, wenn wir das, was wir ändern wollen, täglich leben.

Ob Arbeit, Studium, Gesundheit oder Familie – kleine Veränderungen bringen langfristig den gewünschten großen Erfolg. Mal ehrlich, oftmals setzen wir Ziele und Aufgaben deshalb nicht um, weil sie uns einfach zu groß und/oder zu weit weg erscheinen. Die Angst macht sich bei uns bemerkbar, weil die Chance zu scheitern steigt, wir die Anstrengung scheuen oder wir uns schlichtweg nicht vorstellen können, unser Ziel jemals zu erreichen.

Als Outback-Farmer sieht man das ganz praktisch. Jeffs Farm ist rund 50 mal 80 Kilometer groß und damit größer als das Saarland. Als Rinderfarmer hat er weite Teile davon eingezäunt – circa 170 Kilometer ist sein Zaun lang, um genau zu sein. Diesen Zaun muss er instand halten. Der Rest ist einfache Mathematik. Jeff checkt ungefähr drei Kilometer Zaun in der Woche und repariert, wo es notwendig ist. Das gleiche Prinzip gilt für jede Outback-, Trecking- oder Fahrradtour. Immer dann, wenn wir den Elementen der Natur ausgesetzt sind, ist die »Mathematik« recht einfach. Wann geht die Sonne auf und wann geht sie unter? Wie viele Stunden Tageslicht haben wir? Wie lange können wir fahren oder laufen? Danach planen wir unsere Etappen, laufen oder fahren jeden Tag – und wir erreichen das Ziel. Die große Tour wird Wirklichkeit, indem wir täglich eine Etappe zurücklegen.

Genauso kannst du in Zukunft auch in deinem Alltag und in deiner eigenen Welt vorgehen. Ob Masterstudium oder der nächste Karriereschritt im Job, ob gesunder Lifestyle oder mehr Abenteuer – notiere dir deine großen Ziele und deine Vorstellung davon, wie du leben willst. Dann teile dir den großen Berg in kleinere, machbare Etappen auf, und überlege dir, welche kleinen Schritte, welche Kleinigkeit du täglich tun kannst. Deine großen Träume und Ziele werden Wirklichkeit, indem du jeden Tag eine Kleinigkeit dafür tust. Das ist das Geheimnis der großen Erfolge.

> Eine kleine **Veränderung** heute bringt langfristig den großen **Erfolg**. Was kannst du **heute** für dein Ziel tun?

Es ist nicht wichtig, wie groß der Schritt ist, den du heute machst, und auch nicht, wie schnell du läufst. Es ist wichtig, dass der Schritt in die richtige Richtung geht – und du weiterläufst. Verstehst du? Es sind die kleinen Dinge, die du täglich tust, mit denen du einen Unterschied machst – nicht die großen, von denen du redest, dass du sie morgen oder übermorgen oder nächste Woche angehen möchtest.

Wie lange hat es gedauert, bis du laufen und sprechen, lesen, schreiben und rechnen konntest? Jahre! Wir kommen nicht mit diesen Fähigkeiten auf die Welt, sondern lernen sie Schritt für Schritt – und unterwegs stolpern wir und stehen wieder auf, bis es klappt. Zu jedem Erfolg führt ein Weg. Gleichgültig, ob das ein sportlicher Erfolg ist, für den wir täglich trainieren können, oder ein gelungener musikalischer Auftritt, für den wir üben können, ein Bachelor-Titel, für den wir einige Jahre studieren, oder unsere Traumfigur, für die wir einen gesünderen Lifestyle entwickeln – zu jedem Erfolg führt ein Weg, genauso wie auf jeden Gipfel ein Weg führt.

Heute, im Alltag, werden wir jedoch durch Hunderte von »Erfolgsmodellen« getriggert, die uns scheinbar über Nacht alles erreichen lassen, wovon wir nur träumen. Schlank im Schlaf und Millionär ganz nebenbei, Masterabschluss mit links und Besteigung des Kilimandscharo ohne Training – und natürlich der Traumjob, der Traumurlaub, der Traumpartner und wohlerzogene Traumkinder, die nur Bestnoten nach Hause bringen. Alles ist bunt und schrill und *fun* und leicht und supererfolgreich. Mal ehrlich, wie realistisch ist das? Je mehr dieser Erfolgsmodelle wir vorgeführt bekommen, auf Insta und TikTok & Co., desto frustrierter sind wir über die eigenen Hundertgrammschritte im Kampf gegen die Kilos oder den langen Weg zu unseren anderen Zielen, die wir erreichen wollen und die sich einfach nicht über Nacht erreichen lassen wollen.

Und wenn dann die gewünschte Veränderung nicht sofort eintritt, dann lassen wir oft einer unserer schlechten Gewohnheit freien Lauf. Dann machen wir Dinge, die unser Leben schwerer, hektischer und weniger zufrieden werden lassen. Wir essen ungesund oder gehen nicht zum Training, wir schauen uns Clips auf YouTube an statt ins Fachbuch hinein oder geben zu viel Geld aus für Zeug, das nur beim Kaufen *fun* macht und danach rumsteht, statt auf unsere Hawaii-Reise zu sparen. Dann sind wir immer weniger bereit dafür, den Weg von »hier« nach »dort« zu gehen. Unser Dopaminsystem gewinnt die Oberhand, und das Phänomen der *instant gratification* – das unmittelbare Verlangen nach der schnellen Befriedigung – hat uns voll im Griff. Wir reagieren, statt uns auf das zu fokussieren, was für uns wirklich wichtig ist. Über die

Macht des Dopamins und deine biologische Programmierung hast du schon etwas im Kapitel *Der volle Terminkalender* erfahren – am Lagerfeuer mit Allan, dem Edelsteinsucher.

Fragst du dich gerade, wie du aus diesem Teufelskreis herauskommst? Im Alltag frage ich mich das ab und an und dann denke ich an Jeff. Jeff kann es sich nicht erlauben, den Zaun nicht zu reparieren, auch wenn er weiß, dass er nach 170 Kilometern wieder von vorne anfangen wird. Repariert er den Zaun nicht, rennen ihm die Rindviecher davon. So einfach ist das hier draußen im Outback.

Mache dir einmal bewusst, was aktuell in deinem Leben am wichtigsten für dich ist. Setze Prioritäten und entscheide dich für nur eine Sache. Und nun überlege dir, was du täglich dafür tust beziehungsweise tun könntest.

Was ist dein wichtigstes Ziel?	Was tust du täglich dafür?

Das, was du täglich tust, zeigt, wie du deine Prioritäten setzt – so einfach ist das. Und alles, was du heute tun kannst, um so zu leben, wie du leben möchtest, und deine Ziele zu erreichen, addiert und multipliziert sich und führt schließlich dazu, dass du die großen Ziele erreichst, von denen du träumst, und das Leben lebst, das du leben möchtest. Damit es dir noch leichter gelingt, aktiv zu werden, sind zwei Dinge besonders hilfreich – was mich zu meiner dreizehnten Outback-Erkenntnis führt.

Achtung, Dopamin! Du hast bereits Bekanntschaft mit deinem Dopaminsystem gemacht – deiner biologischen Programmierung, die dazu führt, dass du alles, was neu und groß und bunt und nach *fun* und Erfolg aussieht, haben willst. Die Erfolgsmodelle in den Medien lassen dein Dopamin nur so tanzen, und du willst genauso schnell erfolgreich sein – was vollkommen menschlich ist. Aber du musst dich ein wenig davor hüten, dass dein Dopamin nicht mit dir Schlitten fährt. Ansonsten verschwendest du viel deiner wertvollen Zeit dafür, Dinge zu tun, die für dich eigentlich bedeutungslos sind, und die Gefahr ist groß, dass du lauter dummes Zeug kaufst, das du eigentlich nicht brauchst. Am Ende macht das leider nur diejenigen erfolgreich und zufrieden, die deine Aufmerksamkeit eingefangen haben: die Erfolgsmodelle, die dafür auf YouTube, Insta, TikTok & Co. Werbung machen – oft ohne dass du merkst, dass das Werbung ist.

Und noch ein zweiter Punkt ist wichtig. Unser Gehirn kann weder mit »ganz groß« noch mit »ganz klein« gut umgehen. Wenn du dir wünschst, dein Leben zu ändern, dann ist das buchstäblich nicht begreifbar für dein Gehirn. Wie soll das auch funktionieren? Du musst irgendwo konkret anfangen, etwas zu ändern. Doch das, was du täglich konkret ändern kannst, ist oft so klein, dass du dir nicht vorstellen kannst, dass die kleinen Schritte irgendwann mal zur großen Veränderung und zum Erfolg führen. Geht es dir auch so? Dabei sind es die kleinen Dinge, die in deinem Leben einen großen Unterschied machen und die sich zu den großen Erfolgsgeschichten addieren.

Eine erfolgreiche Auswanderung fängt mit einer großen Idee und einem ersten kleinen Schritt an: der Recherche nach den rechtlichen Bestimmungen und Einwanderungsvoraussetzungen. Der Traum vom ersten eigenen Buch fängt damit an, dass du das erste Wort auf Papier schreibst. Aus Worten werden Sätze und aus Sätzen werden Kapitel. Am Ende hältst du dann dein eigenes Manuskript in Händen. Am Anfang steht ein großer Traum, eine Sehnsucht, ein Verlangen oder ein starkes Bedürfnis. Und um unsere Träume Realität werden zu lassen, müssen wir die Augen öffnen. Dann erst können wir den ersten ganz konkreten kleinen Schritt unternehmen, der uns dahin bringt, wohin wir wollen.

Wenn du deine großen Träume verwirklichen willst und ein leichteres und zufriedenes Leben leben möchtest, werden dir die beiden folgenden Tipps weiterhelfen, die Augen zu öffnen:

~~~~~~

Tipp: Die Eisberg-Illusion

Wir sind oft fasziniert vom Erfolg anderer, den wir an der Oberfläche sehen, und berücksichtigen gar nicht, welche Anstrengungen dafür notwendig waren. Wir sehen Medaillen im Sport, aber nicht den Schweiß; Performance auf der Bühne, aber nicht die Proben; Master-Abschlüsse, aber nicht die Lernstunden. Das ist so wie bei einem Eisberg.

Das, was wir sehen, ist nur ein kleiner Teil vom Ganzen: der Teil, der über dem Wasser liegt. 85 bis 90 Prozent des Eisbergs liegen unterhalb der Wasseroberfläche. Leichtigkeit entsteht dann, wenn du akzeptierst, dass es keine Abkürzung zum Erfolg gibt. Auf dem Weg liegen Fehler, die du machen wirst, Enttäuschungen, die du aushalten musst, harte Arbeit, die notwendig ist, und du brauchst Durchhaltevermögen. Umgib dich mit Menschen, digital wie real, die darüber offen und ehrlich reden; lass dir nicht vorgaukeln, dass Erfolg über Nacht kommt – wenn man nur dieses spezielle Pülverchen kauft oder diesen Onlinekurs mit Geheimwissen bucht. Alles natürlich zu einem Spottpreis von nur einigen Hundert Euro. Du ahnst, was ich meine. Auch wenn die Vorstellung davon schön ist, dass das funktionieren könnte, es funktioniert nicht. Du kannst dir dein Leben allerdings wirklich sehr viel leichter machen, indem du heute eine Kleinigkeit dafür tust, dass es leichter wird.

~~~~~~

Tipp: Die Alles-muss-anders-werden-Illusion

Oft denken wir, dass sich unser Leben nur verändert, wenn wir mit der Axt alle Äste abhacken und von vorne anfangen. Aber ist das wirklich so? Ist es wirklich das, was wir wollen? Soll sich alles verändern? Die meisten Menschen, die ich kenne, finden das meiste in ihrem Leben eigentlich ganz gut. Manchmal fällt es uns vielleicht schwer, das Gute wertzuschätzen. Wir fokussieren uns zu stark auf das, was gerade nicht gut ist, und sind davon wie hypnotisiert. Dann wollen wir alles ändern – wie die sprichwörtliche Axt im Walde. Mehr Leichtigkeit entsteht dann, wenn du akzeptierst, dass nicht alles immer gut sein kann, und vor allem wenn du auch die guten Dinge in deinem Leben siehst und wertschätzt. Das Prinzip ist immer das gleiche: Statt dich auf das zu konzentrieren, was nicht gut ist, kannst du dich darauf fokussieren, was gut ist und was du willst und was du täglich dafür tun kannst.

Von Jeff habe ich gelernt, dass viele kleine Handgriffe Tag für Tag etwas Großes erschaffen können. Wenn ich im Alltag wieder einmal daran zweifle, ob das, was ich täglich für meine großen Träume und Ziele mache, überhaupt etwas bewirkt, denke ich an Jeff und an 170 Kilometer Zaun. Dann erinnere ich mich an Jeffs Worte: »Wenn du glaubst, dass kleine Dinge keinen Unterschied machen, dann versuche mal, mit einem Moskito im Zelt einzuschlafen«, lächle und mache den nächsten kleinen Schritt.

Tun und lassen – Mehr Leichtigkeit durch Seinlassen

»Ein sicherer Weg, um sich das Leben leichter zu machen, ist, nicht durch jedes Schlagloch zu fahren, das vor dir auf der Piste liegt«, sagt Mick zu mir und grinst. Und so wie ich die Outback-Typen hier draußen kenne, steckt dahinter wieder etwas Kluges. Was zuvor geschah: Ich war auf der Piste im äußersten Nordosten Australiens unterwegs. Hier draußen gibt es Schlaglöcher, die sind größer als dein Auto. Okay, die Löcher sind nicht ganz so groß. Aber immer noch groß genug, um echt zum Problem zu werden, wenn du unaufmerksam bist und dein Vorderrad darin verschwindet. Als ich mit eierndem Rad vorne rechts am Roadhouse ankomme, sehe ich Mick, der auf der Veranda steht und mir zuwinkt. Ich grüße zurück, baue mein Zelt hinterm Roadhouse auf, gehe ins Roadhouse hinein und an die Bar und bestelle mir erst mal ein Bier. Mick kommt zu mir rüber, und ich erzähle ihm, was passiert ist.

Als Psychologe und Coach kenne ich die Motivationsliteratur rauf und runter. Vieles, was du darin liest, ist hilfreich, einiges davon nicht und wenige Dinge rasten bei dir im Gehirn ein und bleiben da für den Rest deiner Tage. Mick, der Manager des Roadhouse, hat sehr wahrscheinlich noch kein Motivationsbuch gelesen. Wozu auch. Er macht das, was im Spaß macht: seinen Job. Kümmert sich um das, was ihm wichtig ist: seine Familie und seine Haustiere – Terry, den Hund, fünfzehn Hühner und zwei Pferde. Und lässt vieles andere einfach sein. Micks Worte gehören zu den Dingen, die hängen bleiben.

Durch wie viele Schlaglöcher fährst du Tag für Tag? Nein, nein, damit sind nicht die ärgerlichen Unebenheiten auf dem Weg zur Arbeit gemeint, die dich im besten Fall durchschütteln, im schlechtesten die Reifen kaputt machen. Ich denke dabei an die vielen, vielen – wirklich vielen – Hindernisse, Stolpersteine und Fallstricke in unserem Alltag, die wir oft kennen und in die wir dennoch scheinbar blindlings immer wieder hineinstolpern. Vom Aufstehen an bis zum Schlafengehen.

Das fünfte Feierabendbier in der Kneipe, das dich vergessen lässt, dass du morgen ein wichtiges Meeting hast – und die Kopfschmerzen am nächsten Tag. Das erste romantische Date und du mit Smartphone bei Fuß – die Augen mehr auf dem Display als bei deinem Date, weshalb das erste auch das letzte Treffen bleibt. Oder wenn du konzentriert an deiner Masterarbeit schreiben möchtest, jedoch vergessen hast, das Online-Shopping-Portal oder das Nachrichten-Portal zu schließen. Gleiches Spiel – dein Fokus wandert weg von dem, was wichtig ist, hin zu dem, was dich ablenkt. Deine Aufmerksamkeit wird mal wieder in alle Richtungen zerstreut, und für dich wird es schier unmöglich, dich auf das zu fokussieren, was dir eigentlich wichtig ist: das Meeting, dein Date oder die Masterarbeit. Lass dir deine Aufmerksamkeit nicht rauben. Erinnere dich im Alltag häufiger mal an Schlaglöcher oder Wildpferde auf der Piste (du kennst die Wildpferdstory bereits aus dem Kapitel *Volle Aufmerksamkeit* – mit Tara, der Automechanikerin aus Darwin).

Und dann sind da noch die vielen inneren Stolpersteine. Durch die ewigen äußeren Ablenkungen bist du sowieso schon hinter deinem Zeitplan zurück, und jetzt ärgerst du dich auch noch darüber, dass du so viel Zeit verbummelt hast, sorgst dich, ob du es überhaupt noch schaffen wirst, und grübelst, was du hättest anders machen können. Vorbei ist es mit der Konzentration. Dabei ist das Einzige, was zwischen jetzt und der fertigen Masterarbeit liegt, dein Fokus auf die Arbeit, dass du also »den Job« erledigst – und dafür alles andere sein lässt.

Ob Masterarbeit, Date oder Meeting am Morgen – das Erfolgsprinzip ist immer dasselbe: Fokussiere dich auf das, was »dein Job« ist, und lass alles andere sein.

Was zwischen **dir** und der **Leichtigkeit** liegt, ist dein **Fokus**. Mach den Job, der vor dir liegt, und lass alles andere sein.

Ich frage Mick also, wie er das alles meint, und er fragt zurück: »Was ist dein Job, wenn du auf der Piste unterwegs bist?«»Na, fahren«, sage ich.»Genau«, sagt Mick.»Und dazu gehört, dass du dich auf die Piste konzentrierst und dein Auto nicht kaputt fährst. Das ist ganz einfach. Wenn etwas nicht kaputt ist, lass es ganz. Das macht dein Leben sehr viel leichter.« Eigentlich logisch. Oder? Die Dinge, die nicht kaputt sind, musst du nicht reparieren.

Was könnte das für dich bedeuten? Stell dir vor, du spielst mit deinen Kindern. Was ist dann dein Job? Genau. Dich voll auf deine Kinder zu konzentrieren. Und wenn du auf der Arbeit mit einem Kunden telefonierst, was ist dann dein Job? Richtig. Dich voll auf diesen Kunden zu konzentrieren. Was ist dein Job, wenn du einkaufen gehst? Klar. Dich voll auf den Einkauf zu konzentrieren. Und wenn du Sport machst – was ist dann dein Job? Ja. Dich auf den Sport und auf deinen Körper zu konzentrieren. Egal, was dein Ziel ist und was du dafür tust, ob es die 337 Kilometer Piste sind, die du fährst, um an das nächste Roadhouse zu kommen, oder ob es das Kundentelefonat ist, mit dem du Umsatz machen möchtest – dein Job ist es, dich voll auf das zu konzentrieren, was in diesem Moment das Wichtigste ist. Dadurch wird dein Leben leichter, weil du hinterher nichts reparieren musst, was nicht hätte kaputt gehen müssen.

Und wie ist das bei dir – im Job und privat? Wenn du ganz ehrlich zu dir selbst bist: Wie oft bist du mit voller Konzentration bei der Sache, die du gerade machst? Warum ich das frage? Na, schau mal: Wenn du nicht mit voller Aufmerksamkeit bei der Sache bist, die jetzt gerade wichtig ist – deine Kinder, der Kunde, der Einkauf, dein Sport usw. –, dann musst du später vielleicht viel Energie reinstecken, um Dinge zu reparieren, die nicht hätten kaputt gehen müssen. So wie ich mein eierndes Vorderrad teuer und langwierig reparieren musste, weil ich auf der Piste nicht voll bei der Sache war.

Im Outback merkst du schnell, welche gravierenden Auswirkungen fehlende Aufmerksamkeit haben kann. Ich habe schon Outback-Fahrer erlebt, die ihren Geländewagen zu Schrott und sich selbst halb tot gefahren haben, weil sie ein Rindvieh auf der Piste übersehen hatten, als sie sich um die Musik im Auto statt um die Piste vor ihnen gekümmert hatten. Schlimme Sonnenbrände, Überhitzung und Dehydration, Schlangenbisse, Verbrennungen oder Vom-Weg-Abkommen und Sichverirren gehören ebenso zu den unangenehmen bis gefährlichen Konsequenzen der Unachtsamkeit im Outback. Über die Folgen liest man dann in der Zeitung und hört davon in den Nachrichten.

Bei uns zu Hause im Kinderzimmer oder am Küchentisch, am Telefon mit dem Kunden oder im Teams-Meeting mit dem Chef, im Sport oder im Supermarkt sind die Folgen unserer Unaufmerksamkeit weniger drastisch und weniger schnell. Im schlimmsten Fall quengeln die Kinder, wenn wir mal wieder beim Legospielen WhatsApp beantworten. Der Kunde kauft vielleicht nichts bei uns, wenn er merkt, dass wir nebenbei E-Mails beantworten. Im Sport erreichen wir wahrscheinlich nicht den vollen Trainingseffekt, wenn wir nicht bei der Sache sind und die Übungen falsch machen. Und im Supermarkt kaufen wir vielleicht die falsche Butter. So dramatisch ist das alles nicht. Doch wie ist das auf Dauer? Die Kinder lernen, dass WhatsApp wichtiger ist als sie, und verschaffen sich zunehmend auf anderem Weg Aufmerksamkeit. Der Kunde fühlt sich wenig wertgeschätzt, kauft nichts mehr bei dir und erzählt anderen potenziellen Kunden davon. Dein Umsatz schrumpft, und plötzlich hast du dann »Reparaturen« anstehen, die dein Leben schwer und kompliziert machen.

Wenn wir an Leichtigkeit denken, überlegen wir ja oft sofort, was wir alles dafür tun müssen, damit unser Leben wieder leichter wird. Aber hast du schon einmal darüber nachgedacht, was du für ein leichteres Leben alles sein lassen kannst oder vielleicht sogar sein lassen *musst*? Ein wichtiges Werkzeug, um dein Leben gar nicht erst kompliziert und schwer werden zu lassen, ist: dein Fokus. Die Konzentration deiner Aufmerksamkeit auf das, was für dich hier und jetzt wirklich wichtig ist. Und zwar dann, wenn du gerade dabei bist, etwas für das zu tun, was für dich wirklich zählt. Erledige »den Job«, den du erledigen möchtest, und lass alles andere währenddessen sein. Setze klare Prioritäten, und denke daran, dass du dich immer nur um eine Sache auf einmal konzentriert kümmern kannst. Es gibt zu einem bestimmten Zeitpunkt nur eine bestimmte Sache, die die wichtigste sein kann und deshalb Vorrang hat. Und du kannst dich entscheiden, welche Sache das ist.

Vergiss Multitasking! Wenn du zwei oder mehrere Aufgaben gleichzeitig erledigen möchtest, funktioniert das nicht. Denn dein Gehirn bearbeitet nicht etwa zwei Aufgaben gleichzeitig, sondern es ist damit beschäftigt, mit deiner Aufmerksamkeit ständig zwischen den Aufgaben hin und her zu wechseln. Und dafür braucht dein Gehirn Energie, die dir nicht für die Aufgaben zur Verfügung steht. Das macht dein Leben schwerer, weil du mehr Zeit und mehr Energie brauchst, um beide Aufgaben zu erledigen – und zudem die Qualität der Ergebnisse oft schlechter ausfällt.

Das kennst du, wenn du mit einem Kollegen telefonierst, gleichzeitig Nachrichten checkst und nur die Hälfte von beidem mitbekommst. Oder wenn du mal beim Autofahren parallel eine WhatsApp gelesen hast und hoffentlich den Beinahe-Auffahrunfall noch vermeiden konntest. Und du kennst auch sicherlich solche Situationen, in denen du voll auf Empfang bist: fünf Internetfenster gleichzeitig geöffnet, Mail-Programm auf Empfang, Festnetztelefon in Reichweite, Smartphone sowieso, im Hintergrund der TV-Nachrichtenticker und mit Pech auch noch der Flurfunk ... Es fällt dir schwer, dich auf das zu konzentrieren, was jetzt gerade »dein Job« wäre; du denkst, dass du alles parallel jonglieren kannst, während du versuchst, dich auf die Zahlen für deine morgige Präsentation vor der Abteilungsleitung zu fokussieren. Die Präsentation wird mittelmäßig, der Chef ist nicht zufrieden, du musst nacharbeiten – reparieren, was nicht hätte kaputt gehen müssen. Dein geplanter Abend mit Freunden fällt aus. Du bist gestresst. Alles ist anstrengend.

Dabei wäre es einfach. Beantworte dir die Frage, was jetzt gerade »dein Job« ist, das, was jetzt in diesem Moment zählt. Fokussiere dich darauf, das heißt, mach diesen Job und lass alles andere sein. Spiele einmal einige Situationen mental durch. Überlege zum Beispiel, was morgen bei der Arbeit dein wichtigster Job ist, oder auch, was für dich morgen privat wirklich zählt. Was ist die eine Sache, die für dich, für deine Ziele oder für deine Beziehungen morgen einen Unterschied macht und deshalb besonders wichtig ist? Schreibe dir einige Stichpunkte dazu auf. Und notiere auch, was du sein lassen kannst, während du etwas für deinen wichtigsten Job tust. Denke dabei an all die Ablenkungen, die dir üblicherweise leicht den Fokus rauben.

Was ist dein wichtigster Job (privat oder beruflich)?	Dinge, die du sein lassen kannst, während du etwas für deinen wichtigsten Job tust

Wenn es dir so geht wie den meisten Menschen, dann steht links in der Übersicht eine Sache und rechts davon stehen ziemlich viele. Im Alltag lohnt es sich, ab und an darüber nachzudenken, was dich mehr Zeit und Energie und vielleicht sogar Geld kostet: aufmerksam bei der einen Sache zu sein, während du etwas für sie tust, oder etwas zu reparieren, was kaputt gegangen ist, weil deine Aufmerksamkeit von den vielen anderen Sachen abgelenkt wurde.

Das bringt mich zu meiner vierzehnten Outback-Erkenntnis: Unser Gehirn ist überfordert, wenn wir versuchen, zwei Dinge gleichzeitig zu erledigen. Wir können unsere Aufmerksamkeit nicht teilen. Das ist so, wie wenn du in dunkler Nacht im Outback mit nur einer Taschenlampe versuchst, gleichzeitig nach vorne und nach hinten zu leuchten. Du musst hin und her leuchten, um hinten und vorne etwas zu sehen, und während du den Lichtstrahl deiner Taschenlampe von hier nach da wechselst, siehst du weder hinten noch vorne etwas. Du kannst deinen Aufmerksamkeitsstrahl zu einem Zeitpunkt nur auf eine Sache richten. Mach's dir dabei leichter, indem du die folgenden Fokussierungstipps beherzigst und ausprobierst.

Tipp: Multitasking ist ein Konzentrationskiller

Setze dir Prioritäten, das heißt, definiere, was für dich in diesem Moment Vorrang vor allem anderen hat. Entscheide dich, worauf du deine Aufmerksamkeit und damit deine Energie fokussierst, was du dafür tust und was du währenddessen sein lässt. Das, was du tust, zeigt, wie du deine Prioritäten setzt. So einfach ist das. Es kann zu einem Zeitpunkt nur eine Sache geben, die für dich die absolute Priorität besitzt. Wenn du auf der Piste fährst, hat »fahren« den absoluten Vorrang. Alles andere ist im besten Fall unangenehm und teuer, im schlechtesten Fall gefährlich bis tödlich. Im Alltag gewinnst du durch deinen Fokus auf das, was wirklich zählt, eine Menge: den Deal mit dem Kunden und dadurch beruflichen Erfolg, eine gute Abschlussnote im Studium und dadurch bessere Chancen auf dem Arbeitsmarkt, gefühlt mehr Zeit mit deinen Kindern und damit eine stärkere Beziehung zu ihnen, intensive Unterhaltungen mit Leuten und dadurch neue Einsichten und Erkenntnisse und vielleicht auch neue Freunde. Du erledigst deine Aufgaben schneller und hast mehr Spaß dabei, Erfolg damit und Freizeit dadurch. Du fühlst dich zufriedener und ausgeglichener, weniger überreizt von zu vielen Informationen, die für dich überhaupt keine Bedeutung haben und die keinen

Unterschied für dich, für deine Ziele und für deine Beziehungen machen. Kurzum: Dein Leben wird leichter.

~~~~~~

Tipp: Sein lassen

»Dauer on«: Immer unter Strom zu sein, gibt dir einen Dopaminkick nach dem anderen und dazu schießt noch Adrenalin ins Blut. Das macht dich aktiv und leistungsfähig. Leider nur so lange, wie du noch nicht überreizt bist. Ist das System erst überreizt, schaltet es ab. Unsere ganze Biologie ist auf »Dauer on« eingerichtet – immerhin mussten wir uns vor einigen Zehntausend Jahren im Urwald andauernd vor Gefahren schützen, laufend Nahrung finden und dazu noch geeignete Partner zur Fortpflanzung aufspüren. Dafür waren unser Orientierungsreflex und unser Dopaminsystem sehr hilfreich. Das Problem dabei: Unsere Umwelt ist heute eine andere, als sie es im Urwald war. In unserer Zeit bedeutet dauernd »on« zu sein, dass wir unter Dauerbeschuss mit Nachrichten und Problemen, Informationen und Mitteilungen stehen – obwohl das meiste überhaupt keine Bedeutung für uns hat. Wir sind übertechnisiert, überinformiert und überreizt und unsere Aufmerksamkeit wird dadurch ziemlich bald überfordert. Die Lösung: sein lassen. Die Umsetzung: ausschalten. Mach's mal anders, mach's einfach mal und mach's dir damit einfacher.

~~~~~~

Von Mick habe ich gelernt, dass das Leben sehr viel leichter wird, wenn wir die Dinge, die ganz sind, nicht kaputt machen und nicht jedes Schlagloch auf unserer Lebenspiste mitnehmen. Heute sind Mick und ich Freunde. Wenn wir uns treffen, bei einem Bier am Tresen oder im Outback am Lagerfeuer, philosophieren wir über die Schlaglöcher des Lebens und lachen viel. Micks Worte haben sich bei mir eingebrannt: »Wenn etwas nicht kaputt ist, lass es ganz. Das macht dein Leben sehr viel leichter.« Unsere Aufmerksamkeit und wie wir damit umgehen, ist der Schlüssel dazu.

Auf ins Abenteuer – Was, wenn es keinen Reiseführer für das gibt, was vor uns liegt?

Madi erzählt mir, wie sie vor einigen Jahren als Arzthelferin in Sydney gearbeitet hat und sich nach einer Tour durchs Outback dazu entschied, auf einer Farm im Nordwesten Queenslands zu leben und zu arbeiten. Das war vor fünf Jahren. Lifestyle Change könnte man sagen. Als ich Madi frage, ob das nicht ziemlich mutig von ihr war und auch anstrengend und ob sie keine Angst davor hatte, antwortet sie: »Oh doch. Und wie. Aber weißt du, das ist mein Leben. Ich habe nur das eine. Das ist kein Versuch und danach darf ich noch einmal. Wenn ich jetzt nicht mache, was mir wichtig ist, wann dann?«

Bei unserem Gespräch am Lagerfeuer wurde mir eins ganz klar: Wenn ich etwas verändern will, dann gelingt das nur, wenn ich etwas anders mache als bisher. Motivationstrainer nennen das: Wir müssen raus aus unserer Komfortzone. Im Outback ist man da ein bisschen direkter: Bewege deinen Arsch, sonst bist du am Arsch* – sagt man hier.

---

* Die australische Übersetzung ist noch ein bisschen derber.

Stell dir vor, dein Wassertank hat ein Loch. Es ist 40 Grad Celsius heiß, und du hast so gar keine Lust darauf, den Tank zu reparieren. Es ist viel komfortabler, im Schatten sitzen zu bleiben. Kannst du machen. Hast du halt bald kein Wasser mehr. Ob als Farmer auf der Rinderfarm oder als Manager im Roadhouse, ob als Ranger im Nationalpark oder als Reisender *on the road* – hier draußen ist die Komfortzone für die meisten Menschen kleiner als der Arsch, auf dem sie sitzen bleiben könnten. Aus gutem Grund: Das, was man tut oder lässt, hat einfach sehr viel schneller sehr viel drastischere Konsequenzen. Vielleicht ist das der Grund dafür, warum die Menschen hier auch bei den großen Dingen im Leben sehr viel schneller und konsequenter ihren Arsch bewegen und das machen, was für sie wirklich wichtig ist.

> Leichter leben –
> wenn nicht jetzt,
> wann dann?
> Der Weg entsteht
> beim Gehen.
> Mach den ersten
> Schritt.

So wie Madi, als sie auf ihrer Outbacktour erkannte, dass sie hier draußen leben will – und mittlerweile schon fünf Jahre lang glücklich und zufrieden genau das tut. Wenn die Menschen hier draußen merken, dass das, was sie machen, nicht mehr das ist, was sie wollen, dann ändern sie es. Warum sollten sie auch darauf warten, bis das Leben vorbei ist, bevor sie das Leben leben, das sie leben wollen? Macht Sinn. Oder?

Und wie ist das bei uns? Da, wo es Wasserhähne und Werkstätten, Autobahnen und Ärzte gibt? In unserer Welt ist vieles sehr viel langsamer. Und wo es keine schnellen und drastischen Konsequenzen gibt, sitzt man halt sehr viel länger in der Komfortzone – auch wenn wir fühlen und wissen, dass die Zone das Gegenteil von Zufriedenheit, Weiterentwicklung und Leichtigkeit ist. Die Magie beginnt außerhalb der Komfortzone – aber leider auch die Angst vor Veränderung. Etwas anders machen als bislang macht den meisten von uns erst mal Angst. Aus gutem Grund: Wir haben das Neue ja noch nie gemacht und oft gibt es keine Anleitung dafür. Wir müssen unsere Route selbst neu berechnen.

In der Komfortzone weißt du hingegen genau, was du hast und was du erwarten kannst. Du bewegst dich wie auf Schienen auf vertrautem Terrain und das fühlt sich sicher an. Das ist bequem. Im Job sind das beispielsweise die Aufgaben, die du routiniert erledigst, die du schon tausendmal erledigt hast und bei denen du alle möglichen und unmöglichen Fallstricke kennst. Die Aufgaben gehen dir leicht von der Hand. Deine Fähigkeiten reichen dafür optimal aus. Das ist verlockend. Wir alle haben ja gerne das Gefühl, die Kontrolle über das eigene Leben zu haben – besonders, wenn die Zeiten unsicher sind. Dagegen ist zeitweise auch nichts zu sagen. Wir alle brauchen mal die Hängematte in der Komfortzone. Im Leben gibt es ja auch genug andere Baustellen, die bearbeitet, und Feuer, die gelöscht werden wollen. Risikoreich ist es dennoch, wenn wir zu lange die Füße hochlegen, denn die Arbeitswelt entwickelt sich weiter, und wenn wir stehen bleiben, wird das Leben kompliziert und hektisch für uns.

Wenn wir zum Beispiel stur sind und die neue Software im Büro partout nicht lernen wollen, verlieren wir irgendwann den Anschluss und wahrscheinlich bald darauf auch den Job. Verschließen wir uns davor, Englisch zu lernen, obwohl wir wissen, dass die neue Chefin aus den USA kein Deutsch spricht, machen wir uns das Leben ziemlich schwer. Oder wenn wir in eine neue Stadt ziehen und mehr Kontakt mit unseren alten Freunden in der Heimat halten, als rauszugehen und neue Leute kennenzulernen. Wir isolieren uns damit selbst und sehr wahrscheinlich werden wir uns ziemlich bald ziemlich einsam fühlen.

Du siehst, auch im Privatleben gibt es die bequemen Sicherheitszonen, in denen wir uns erst mal geborgen fühlen. Ich bin mir sicher, dass auch du Phasen kennst, in denen du lieber geregelte Abläufe hast, als etwas Neues auszuprobieren. Lieber nach Feierabend auf die Couch und fernsehen, statt sich endlich im Fitnessstudio anzumelden und damit die Couch-Routine zu durchbrechen. Lieber mit den gleichen Leuten in die Kneipe, als neue Kontakte zu knüpfen. Im fünften Jahr hintereinander ins gleiche Urlaubshotel gehen, statt ein neues Land zu erkunden. Auch hier gilt, dass wir alle auch mal Ruhe brauchen. Immer neu und anders geht nicht. Aber zu lange sollten wir uns die private Komfortzone nicht schönreden – denn das Leben findet außerhalb von ihr statt.

Ob beruflicher Erfolg oder privates Glück, persönliche Entwicklung oder körperliche Gesundheit, all das gibt es in der Komfortzone nicht – denn in unserer Komfortzone strengen wir uns nicht an und vermeiden die Aufregung vor etwas Neuem.

Was hält uns dann bloß so lange und oft auch zu lange in der Komfortzone fest – obwohl wir wissen oder zumindest ahnen, dass unser Leben darin auf Dauer weder erfüllend noch leicht ist? Hier kommt mal wieder unsere biologische Programmierung ins Spiel. In der Komfortzone ist es bequem und sicher. »Nichts riskieren« und »sich nicht anstrengen« sind zwei mächtige Überlebensprogramme in unserem Erbgut. Risiko und Anstrengung zu vermeiden, hat uns Zehntausende von Jahren lang echte Überlebensvorteile gebracht – damals im Urwald, als Risiko Gefahr und Anstrengung Energieverlust bedeutet hat und beides tödlich war. Aber heute ist das anders. Wir sterben nicht gleich, wenn wir uns anstrengen und dabei vielleicht ein paar Kalorien verlieren – etwas zu essen gibt es, anders als im Urwald, an jeder Ecke. Und wir sterben auch nicht gleich, wenn wir etwas tun, das sich für uns riskant anfühlt, weil wir es noch nie getan haben.

Die Erkenntnis mag unbequem sein, aber sie ist wahr: Wenn du erfolgreich und glücklich werden willst und dein Leben leichter werden soll, musst du immer wieder deine Komfortzone verlassen. Du kannst eine Menge gewinnen, wenn du deine Angst und Bequemlichkeit überwindest, deine Routinen aufgibst, Neues wagst und ausprobierst und Grenzen verschiebst. Zum Beispiel neue Ideen, tolle Freunde, einen besseren Job, hilfreiche neue Fähigkeiten, wertvolle Erfahrungen, mehr Fitness und vieles mehr. Wenn du ganz ehrlich zu dir selbst bist, fällt dir schnell ein, was alles außerhalb deiner Komfortzone liegt und wovon du eigentlich schon ziemlich lange träumst.

Kennst du die Grenzen deiner Komfortzone? Jeder von uns hat seine ganz individuelle Komfortzone. Schau dir mal die folgenden Beispiele an, und überlege, was dein erstes Gefühl, deine erste Reaktion darauf ist. Schon wenn du die Beispiele liest, wirst du merken, dass sich etwas in dir bewegt und du sehr schnell in die eine oder die andere Richtung tendierst. Daran erkennst du, wo deine Komfortzone beginnt und wo sie endet – die Grenzen deiner Komfortzone:

Situation	Dein erstes Gefühl / deine erste Reaktion	
Vor einer Gruppe sprechen	Kein Problem	Panikattacke
Fremde ansprechen	Jederzeit	Niemals
Fremdsprache lernen	Tolle Sache	Wozu?
Eine neue Software im Job	Spannend, mal was Neues	Lieber nicht
Konfliktgespräch führen	Wichtig und klärend	Ganz unangenehm
Sich beim Kellner beschweren	Klar, wenn's schlecht ist	Nein, mache ich nie
Verantwortung übernehmen	Mache ich aktiv	Ist nichts für mich
Neues Urlaubsziel erkunden	Oh ja, kann's kaum erwarten	Lieber das Bekannte
...	...	...

Überlege einmal, welche weiteren Situationen dir einfallen, bei denen du entweder sofort Hurra schreist oder aber eher die Angst dir in die Knochen fährt. Wo ein extrovertierter Mensch beispielsweise keine Probleme damit hat, auf andere zuzugehen oder vor einer Gruppe zu sprechen, ist ein eher schüchterner Typ schon einer Panikattacke nahe. Der neugierige, offene und selbstvertrauende Mensch freut sich über etwas Neues im Job, der eher ängstliche bleibt lieber beim Alten. Das Gleiche gilt beim Thema Verantwortung. Die einen übernehmen aktiv und gerne Verantwortung und scheuen sich weder davor, für Fehler einzustehen, noch davor, sich anstrengen zu müssen. Manche Menschen lassen lieber andere die Verantwortung tragen, aus Angst vorm Scheitern oder weil sie die Anstrengung scheuen.

Es ist mir ganz wichtig zu sagen, dass das alles weder gut noch schlecht ist. Jeder Einzelne von uns kann und muss für sich entscheiden, was für ihn gut und richtig ist. Doch alles, was wir tun oder lassen, hat auch Konsequenzen. Und wir müssen prüfen, ob wir mit diesen Konsequenzen glücklich und zufrieden werden – oder ob wir doch eine Kleinigkeit ändern und uns damit aus der Komfortzone herausstretchen wollen.

Wo die Grenzen deiner Komfortzone verlaufen, hängt von deiner Persönlichkeit ab – also von deinen Eigenschaften, davon, wie du gelernt hast zu denken, zu fühlen und zu handeln. Obwohl unsere Eigenschaften und unser Charakter ziemlich stabil sind und sich nicht mit einem Fingerschnips über Nacht verändern lassen, sind sie doch nicht in Stein gemeißelt. Du kannst deinen Charakter vielleicht nicht grundlegend verändern, aber du kannst jeden Tag eine Kleinigkeit anders denken, anders fühlen oder anders machen – um ein glückliches, zufriedenes und leichteres Leben zu leben.

Im Outback formuliert man das alles einfacher. Als wir zusammen am Lagerfeuer sitzen, frage ich Madi, wie sie den Mut für ihre große Veränderung gefunden hat. Madi lächelt und antwortet, dass auf ihrer Tour durchs Outback ein klares Bild vor ihren Augen entstanden ist, wie sie ihr Leben leben will und was für sie wirklich wichtig ist. »In diesem Bild kamen nicht etwa fünf Millionen Nachbarn in Sydney, Millionen Autos und verstopfte Straßen vor. Ich liebe die Natur, die Ruhe und die Tiere. Mich hat das Bild von der aufgehenden Sonne im endlosen Outback nicht mehr losgelassen. Als ich mich dazu entschieden habe, auf die Farm zu ziehen, hat auf einmal alles zusammengepasst. Auch wenn ich keinen Reiseführer für das hatte, was vor mir lag, habe ich den ersten kleinen Schritt gemacht. Das hat mir Mut gegeben, und daraus wurden viele Schritte, die mich hierhergebracht haben.«

Als Madi mir erzählt, wie sie in ihr Abenteuer aufgebrochen ist, denke ich, dass die beiden grundlegenden Fragen immer die gleichen sind: Was ist mir wirklich wichtig? Was mache ich dafür?

Wenn wir die Schritte klein genug wählen, damit wir nicht stolpern, und wenn wir ein starkes Bild dafür finden, was wir wirklich wollen, dann fällt es uns leichter zu laufen.

Es hilft dir sehr, wenn du ein starkes Bild vor Augen hast, warum du etwas in deinem Leben ändern möchtest. Dein Warum ist das, was dir wirklich wichtig ist, und ein Bild dafür macht es dir leichter, dich darauf zu fokussieren. Auch wenn es nicht bei jedem von uns gleich darum geht, einen so großen Lifestyle Change wie Madi zu realisieren – jede Veränderung hat ein Warum. Und jedes Warum kann ein Bild erzeugen – dein eigenes starkes Bild. Warum möchtest du dein Leben leichter machen?

Was für dich wichtig ist und was dein Leben leichter macht, kannst nur du bestimmen. Oft sind es die kleinen Dinge im Alltag, die du ändern kannst und die im Laufe der Zeit dein ganzes Leben ändern. Überlege einmal: Was würdest du in deinem Leben gerne vereinfachen und verändern, wenn du keine Angst vorm Scheitern oder vor der Anstrengung hättest? Mit deiner Antwort auf diese Frage testest du die Grenzen deiner Komfortzone mental aus und du verschiebst die Grenzen in deinem Kopf ein bisschen.

Möchtest du vielleicht eine Partnerschaft, eine Familie und mit deinen Kindern am Frühstückstisch gemeinsam lachen? Oder zählt für dich die berufliche Karriere? Sind dir deine Gesundheit und dein Wohlbefinden besonders wichtig? Oder eher, dass du dich künstlerisch ausleben kannst? Was ist für dich wirklich wichtig?

Gehe noch einen Schritt weiter. Überlege, welches starke Bild dir dabei helfen kann, dich auf das zu fokussieren, was für dich wirklich zählt. Vielleicht ist es ein Foto glücklich lachender Kinder um einen Küchentisch herum oder ein Foto von dir, als du richtig fit warst. Vielleicht ist es auch ein Bild von dir im Businessdress an einem schönen Schreibtisch, das für dich beruflichen Erfolg symbolisiert. Oder das Foto von dir in Siegerpose auf einem Berggipfel, das dir zeigt, dass du es schaffen kannst. Notiere dir einige Stichworte dazu:

Was ist dir wirklich wichtig?	Welches starke Bild fällt dir dafür ein?

Zwei Dinge sind klar: Deine Komfortzone zu verlassen ist niemals komfortabel. Und: Du musst immer wieder deine Komfortzone verlassen, wenn du ein glückliches, erfülltes und leichtes Leben leben möchtest. Das erfordert deinen Mut und deine Kraft – und deshalb ist es gut, wenn du einige Werkzeuge kennst, die dir den Weg aus deiner Komfortzone heraus leichter machen.

Das führt mich zu meiner fünfzehnten Outback-Erkenntnis: Unsere biologische Programmierung macht es uns oft nicht leicht, Dinge zu verändern, obwohl wir das wirklich wollen. Unser Orientierungsreflex lässt uns auf alles glotzen, was um uns herum knallt, und dadurch wird unsere Aufmerksamkeit zerstreut. Unser Dopaminsystem lässt uns Dinge tun, die uns eine schnelle Belohnung versprechen, die unser Leben aber leider oft weder leichter noch erfolgreicher machen. Der soziale Vergleich lässt uns rennen und rennen und rennen – allerdings häufig weg von dem, was uns eigentlich wirklich wichtig ist. Und dazu kommen unser Energiespar- und Risikovermeidungsprogramm, die uns in der Komfortzone halten wollen, weil es da vermeintlich sicher und bequem ist.

Was tun? Gegen unsere Biologie anzukämpfen und mit dem Kopf durch die Wand zu wollen, wäre keine Erfolg versprechende Strategie. Mach's stattdessen mal so, wie man das im Outback macht: Versuche mit dem zu arbeiten, was da ist. Es ist viel leichter und sinnvoller, wenn du deine biologische Programmierung nutzt, um das zu erreichen, was du erreichen möchtest: mehr Leichtigkeit, Zufriedenheit und Erfolg.

Der Dreh- und Angelpunkt dafür ist deine Aufmerksamkeit. Du kannst deine großartige Fähigkeit nutzen, deine Aufmerksamkeit wie den Lichtstrahl einer Taschenlampe zu fokussieren – und zwar auf das, was du willst, das, was für dich wirklich zählt, und das, was du dafür tun kannst. Die folgenden Fokussierungstipps helfen dir dabei, deine Komfortzone leichter zu verlassen. Denke daran: Werkzeuge sind nichts, wenn du keinen wirklichen Grund hast, wofür du sie einsetzt.

Tipp: Gewinn vor Augen führen

Denk mal anders: Was kannst du gewinnen, wenn du deine Komfortzone verlässt? Welche positiven Auswirkungen warten auf dich, wenn du einen Schritt aus der Zone heraus machst? Du eröffnest dir vielleicht völlig neue Chancen im Job. Deine Ideen und privaten Träume können wahrscheinlich endlich Realität werden. Du lernst mit Sicherheit neue Seiten an dir kennen und schätzen. Du entwickelst neue Fähigkeiten, die dir in neuen Lebenslagen dabei helfen werden, Herausforderungen mit mehr Leichtigkeit zu lösen. Du wirst dadurch selbstbewusster und mutiger. Dein Leben wird sich dauerhaft verändern. Verbessern. Und leichter werden.

~~~~~~~~~~~~~~~~~~~~~~~~~~~~~~~

Tipp: Mentale Grenzverschiebung

Die Dinge, die du denken kannst, die kannst du auch verändern. Wenn du die Grenzen deiner Komfortzone zuerst im Kopf verschiebst, fällt es dir leichter, die Schritte auch tatsächlich zu gehen. Überlege dir dafür, was du gerne in welchen Bereichen deines Lebens, im Job oder in der Beziehung, in der Freizeit oder mit Freunden, vereinfachen und verändern würdest, wenn du keine Angst vorm Scheitern hättest oder dich die Abneigung vor der Anstrengung nicht davon abhalten würde. Mit deiner Antwort auf diese Frage testest du bereits die Grenzen deiner Komfortzone mental aus und verschiebst sie ein wenig. Das ist der Anfang.

~~~~~~~~~~~~~~~~~~~~~~~~~~~~~~~

Hast du schon eine Idee davon, welche positiven Dinge dich außerhalb deiner Komfortzone erwarten? Nachdem du die ersten beiden Gedankenschritte unternommen hast, kannst du auch ganz praktisch leichter loslaufen und deine selbstauferlegten Grenzen sprengen. Nutze dazu die Macht der Bilder und die Strategie der kleinen Schritte.

Tipp: Dein starkes Bild wird Wirklichkeit

Welches starke Bild symbolisiert für dich das, was dir wirklich wichtig ist? Stelle dir das, was für dich zählt, bildlich vor und schaffe dir damit eine Erinnerungshilfe, die dir auch dann Kraft gibt, wenn du gar nicht bewusst daran denkst. Ein Bild sagt mehr als tausend Worte – an dieser Volksweisheit ist etwas dran. Der Zusammenhang ist wissenschaftlich erforscht und nachgewiesen. Ein sehr lesenswertes Buch zum Thema »Innere Bilder« hat der Neurobiologe Dr. Gerald Hüther geschrieben: *Die Macht der inneren Bilder*. Die genaue Literaturangabe findest du unter den Tipps zur Vertiefung. Übrigens: Weißt du, was mein starkes Bild war und ist? Ich wette fast, du kennst es schon.

Jedes starke Bild wird Wirklichkeit. Welches starke Bild steht für dein Abenteuer Leichtigkeit?

Tipp: Miniveränderungen im Alltag

Mach's mal anders: Überfordere dich nicht. Wenn du deine Komfortzone verlässt, kommst du in die Angstzone. Dann folgen die Lernzone und danach die Wachstumszone. Angst, genauso wie lernen und wachsen, strengen dich aber an. Und wenn es zu viel wird, wenn du dich überforderst, drehst du ganz schnell wieder um und gehst dahin zurück, wo du dich auskennst: in deine Komfortzone. Damit dir das nicht passiert, kannst du den Weg der kleinen Schritte wählen. Wähle deinen ersten Schritt so klein, dass du mehr Lust als Angst oder Abneigung hast, ihn zu gehen.

Möchtest du zum Beispiel etwas für die Beziehung zu deinen Kindern tun? Ihnen mehr Aufmerksamkeit schenken und dadurch mehr Leichtigkeit in dein Leben bringen? Dann ist für dich vielleicht der erste kleine Schritt die kleine Änderung, bis nach dem Frühstück dein Handy ausgeschaltet zu lassen – nur 20 Minuten, um deine ungeteilte Aufmerksamkeit deiner Familie zu schenken. Oder ist es dein Wunsch, dich selbst leichter, fitter und schlanker zu machen? Dann kann der erste kleine Schritt die kleine Veränderung sein, öfter mal die Treppe statt den Aufzug zu benutzen. Möchtest du eine Top-Führungskraft werden und mit Leichtigkeit mehr Führungserfolg erzielen? Dann könnte der erste Schritt für dich der sein, weniger zu reden und dafür deinen Mitarbeiterinnen und Mitarbeitern mehr zuzuhören.

Jeder Tag in deinem Leben hält ein kleines Abenteuer bereit: Situationen, in denen du etwas anders denken, anders fühlen oder anders tun kannst, um dir das Leben leichter zu machen. Und du kannst dich immer wieder aufs Neue dafür entscheiden, dieses Mal aufzubrechen und deine Grenzen zu verschieben. Wenn du dich darauf fokussierst, was für dich wirklich zählt, auf dein starkes Bild, gelingt dir der erste Schritt leichter – auch wenn es keinen Reiseführer für das gibt, was vor dir liegt.

Ich denke im Alltag häufiger an Madi, an ihre Geschichte und an ihre Worte. Wenn etwas Wichtiges vor mir liegt und ich merke, wie ich zögere und eine Stimme in mir ganz laut »Mach das nicht, das ist gefährlich und anstrengend!« ruft, lächle ich und sage zu mir: »Das ist mein Leben. Ich habe nur das eine. Das ist kein Versuch und danach darf ich noch einmal. Wenn ich jetzt nicht mache, was mir wichtig ist, wann dann?«

Die besten Fokussierungstipps auf einen Blick

Damit es dir gut gelingt, das »Leichter-leben-Mindset« in deinen Alltag mitzunehmen, habe ich die 15 Outback-Erkenntnisse und die fünf besten Fokussierungstipps hier auf einen Blick zusammengefasst. Und kein anderer kann diese Zusammenfassung besser einleiten als Bernie, der mir mit seinen Worten aus dem Matsch geholfen hat, als nichts mehr ging: »Es ist bekloppt, immer wieder dasselbe zu tun und zu erwarten, dass etwas anderes dabei herauskommt. Versuch's doch mal anders.«

Josie, die Älteste einer Gemeinschaft von Aboriginal People: »Das Wasser kocht nicht schneller, wenn du auf den Wasserkessel starrst.« Du änderst dann etwas, wenn du weniger glotzt und dafür mehr machst.

Peter, der Kapitän, der den Busch und die Bäume liebt: »Ich schau mir die Wettervorhersage nur an, wenn es einen Unterschied macht.« Welchen Unterschied macht das, was du täglich tust, für dich, für deine Ziele und für deine Beziehungen?

Tara, die Automechanikerin aus Darwin, und das Wildpferd auf der Piste: »Wenn du hier draußen auf der Piste unterwegs bist, konzentrierst du dich am besten auf das, was wichtig ist – den Weg vor dir.« Dein Leben wird leichter, wenn du dich auf das fokussierst, was hier und jetzt vor dir liegt.

Anna, die Tierärztin am Hell's Gate Roadhouse: »Du kannst nicht darauf warten, bis du dich besser fühlst, bevor du die Strecke fährst. Du musst die Strecke fahren, um dich besser zu fühlen.« Auf unser Leben übertragen heißt das: Du kannst nicht darauf warten, bis dein Leben leichter wird, bevor du die Dinge tust, die für dich wichtig sind. Du musst die Dinge tun, die für dich wichtig sind, damit dein Leben leichter wird.

Allan, der Edelsteinsucher im Outback: »Heute Morgen, als ich im Zelt aufgewacht bin, habe ich zu mir gesagt ›Alter Sack, du lebst noch‹ – und mir überlegt, wie kostbar die Zeit doch ist.« Alles, was wirklich kostbar ist, ist begrenzt. Welche Dinge sind in deinem Leben begrenzt?

Matt, der Controller aus Perth, und das Gepäck im Ge-ländewagen: »Wann hat der Tisch damit angefangen, zu klein zu werden?« Es sind nicht die Dinge, die zu klein werden, sondern unsere Ansprüche, die größer werden.

Ranger Tom im Nationalpark und das Glück: »Ich habe weniger von dem, was ich sowieso nicht brauche, dafür mehr von dem, was mich glücklich macht. Platz machen für das, was wirklich zählt, bedeutet nicht weniger von dem, was du hast, sondern mehr von dem, was dich glücklich macht.« Mach Platz für das, was wirklich zählt, dann wird dein Leben leichter.

Samantha, die Krankenschwester, und das geplatzte Vor-derrad: »Don't sweat the small stuff, mate!«[*] Sich ärgern ändert nichts. Ändere etwas an der Ursache des Ärgers, statt dich zu ärgern.

[*] Übersetzung: »Rege dich nicht über jeden Kleinscheiß auf, Kumpel!«

Henry, der ehemalige Offizier, und die Schlangen: »No worries, mate. Welchen Unterschied macht es, wenn du dich heute darum sorgst, was in einigen Wochen sein wird – oder vielleicht auch nicht sein wird? Pass lieber auf, dass dich jetzt hier keine Schlange beißt.« Sich zu sorgen über Zukünftiges oder zu grübeln über Vergangenes, raubt dir die Gegenwart.

Beverly, die Köchin auf der Outback-Farm, und die Enttäuschung: »Das Leben wird sehr viel einfacher, wenn du damit aufhörst, von einem Apfelbaum Kirschen zu erwarten.« Realistische Erwartungen an sich selbst und an andere machen das Leben leichter.

Emma und John auf einem Roadtrip durch Australien: »Unser Leben war so voll mit Zeug, und wir haben so viel Zeit damit verbracht, danach zu jagen. Das hat sich so unfrei angefühlt, das wollten wir nicht mehr.« Manchmal braucht es einen *break*, um die Werte und Menschen wiederzufinden, die wirklich wichtig für uns sind.

Johanna, die Sozialarbeiterin in der Outback-Krankenstation: »Manchmal wird die schnelle Lösung zum Problem.« Wenn der Mückenstich juckt, lass jucken.

Jeff, der Rinderfarmer, und 170 Kilometer Zaun: »Wenn du glaubst, dass kleine Dinge keinen Unterschied machen, dann versuche mal, mit einem Moskito im Zelt einzuschlafen.« Es sind die kleinen Dinge, die du täglich tust, mit denen du einen großen Unterschied machst.

Mick, der Manager im Roadhouse, und das Schlagloch auf der Piste: »Ein sicherer Weg, um sich das Leben leichter zu machen, ist, nicht durch jedes Schlagloch zu fahren, das vor dir auf der Piste liegt. Wenn etwas nicht kaputt ist, lass es ganz. Das macht dein Leben sehr viel leichter.« Manche

Dinge können wir einfach sein lassen, um unser Leben leicht zu lassen.

Madi, die Arzthelferin aus Sydney, die jetzt im Outback lebt: »Das ist mein Leben. Ich habe nur das eine. Das ist kein Versuch und danach darf ich noch einmal. Wenn ich jetzt nicht mache, was mir wichtig ist, wann dann?« Der Weg entsteht beim Gehen. Mach den ersten Schritt.

Auf unserer gemeinsamen Reise durch das Buch hast du sicherlich mehr als nur fünf Fokussierungstipps entdeckt. Ich habe die folgenden fünf Tipps ausgewählt, weil es meine Lieblingstipps sind und weil diese Tipps für mich am besten funktionieren. Aber vielleicht funktionieren ja andere Tipps für dich viel besser. Ist das so? Wähle dir auf jeden Fall deine eigenen fünf Lieblingstipps aus. Viel Spaß dabei und Leichtigkeit damit.

Tipp 1: Umgebung

Schubst dich jemand ins Wasser, fängst du an zu schwimmen. Verändere deine Umgebung. Dadurch verändert sich dein Verhalten automatisch. Gleichgültig, was du mit mehr Leichtigkeit machen möchtest, ob im Job oder privat, richte dir deine unmittelbare Umgebung so ein, dass du dich gut auf das fokussieren kannst, was für dich zählt. Lerne vom Outback. Wenn es nicht notwendig ist, auf Empfang zu sein, schalte ab. Lenkt dich das Zeug auf deinem Schreibtisch, in der Werkstatt oder im Wohnzimmer ab, räum es weg.

Tipp 2: Schlaf

Das ist der wichtigste Tipp überhaupt – und das ist kein Scherz. Mit Schlaf spielt man nicht. Auch wenn wir alle wissen, dass man natürlich nicht immer Schlaf die oberste Priorität geben kann. Und doch sollten wir darauf achten, von 100 Prozent aller Nächte mindestens 80 Prozent tief, erholsam und ungestört zu schlafen. Ausgeschlafen sein ist die Basis für unsere Fokussierungsfähigkeit. Es gibt viele gute Schlaftipps, und es lohnt sich, diese Tipps anzuwenden.

Tipp 3: Binaural Beats 40 Hz

Du spielst beiden Ohren Schall mit leicht unterschiedlicher Frequenz zu. Dadurch entsteht ein Sinneseindruck, den man Binaural Beats nennt. Es ist neurowissenschaftlich bewiesen, dass diese Töne deinen Fokus und deine Konzentration erhöhen – und zwar über die Steigerung des Neurotransmitters Acetylcholin, der den Fokus noch schärfer einstellt, und Dopamin, das als Motor deine Motivation zur Konzentration aufrechterhält. Es gibt viele Apps, aber du kannst auch einfach mal auf YouTube schauen. Fange am besten mit fünf bis zehn Minuten zur Einleitung einer Konzentrationsphase an, und wenn die Ablenkungen, zum Beispiel im Homeoffice oder im New Work Space, stark sind, kannst du es auch mal im Hintergrund weiterlaufen lassen. Wichtig: Funktioniert nur mit Kopfhörer.

Tipp 4: Fokus-Meditation

Nur zehn Minuten Meditation am Tag wirken Wunder in deinem Gehirn. Konzentriere dich auf deinen Atem und auf eine Stelle wenige Zentimeter hinter der Stirn. Deine Aufmerksamkeit wandert natürlich immer wieder weg von der Atmung. Das ist kein Versagen, sondern bringt den gewünschten Trainingseffekt, wenn du deine Aufmerksamkeit wieder zurück auf Atem und Stirn lenkst. Du übst und verinnerlichst damit die Kunst des Refokussierens. Die Gelegenheit, dich immer wieder neu zu fokussieren, verbessert deine Konzentrationsfähigkeit. Außerdem werden dein Schlaf, das Gedächtnis und deine Stimmung besser.

Tipp 5: Dankbar sein

Führe ein Dankbarkeitstagebuch. Das hört sich groß und aufwendig an – ist es aber nicht. Du kannst auch einen Notizblock nehmen oder eine App dazu verwenden. Jedenfalls schreibe dir einmal am Tag eine Sache auf, für die du an diesem Tag dankbar bist. Das war's. Du brauchst dafür zehn Sekunden, vielleicht eine halbe Minute. Wer dankbar ist, kann nicht unzufrieden sein. Allein durch diese kleine Übung fokussierst du dich automatisch mehr auf das, was zählt. Und deine Energie fließt genau dorthin. Dein Leben wird sich dadurch besser und leichter anfühlen.

Nachwort

Der rote Kontinent Australien ist flächenmäßig 21,5-mal größer als Deutschland. Während die Leute im Süden nahe Melbourne in den Australischen Alpen Ski fahren, gehen die Menschen im Norden bei Cairns, dreieinhalb Flugstunden entfernt von Melbourne, bei 28 Grad Celsius im Meer schwimmen.

Die Größe des Landes ist schier unvorstellbar. Wenn du ein wenig mehr über Australien, die Natur und die Kultur erfahren möchtest, dann empfehle ich dir mein liebstes Buch vom amerikanisch-britischen Autor Bill Bryson: *Frühstück mit Kängurus*. Die genaue Literaturangabe findest du unter den Tipps zur Vertiefung.

Das Outback ist mit einer Fläche von 5,6 Millionen Quadratkilometern 15,7-mal größer als Deutschland und damit halb so groß wie ganz Europa. Das Gebiet ist nahezu unbesiedelt und hauptsächlich trocken. Unendliche Weiten. Viele Menschen trifft man hier draußen nicht. Wer hier lebt oder unterwegs ist und überleben will, lernt schnell, sich aufs Wesentliche zu konzentrieren. Überleben fokussiert auf das, was wirklich zählt.

Im Alltag haben wir zwar wenig vom Outback, aber wir können viel von ihm lernen. Gerade weil die Dinge bei uns schwieriger geworden sind, weil Digitalisierung und Pandemie, Klimakrise und Konflikte unseren Kopf nur so schwirren lassen, wird es immer wichtiger, sich im Alltagstrubel auf das Wesentliche zu fokussieren. So wie im Outback, wo es wichtig ist, sich gegenseitig zu helfen und einander zu vertrauen, genug zu trinken und sich voll und ganz auf das zu konzentrieren, was man gerade tut. Selbst wenn die Dinge bei uns kompliziert geworden sind, heißt das noch lange nicht, dass es auch dein Leben sein muss. Viele der Outback-Geheimnisse, die ich unterwegs kennenlernen durfte, können dir in deinem Alltag zukünftig helfen, auch dein Leben wieder leichter zu machen. Dabei kannst nur du bestimmen, was für dich wichtig ist. Und nur du kannst dich dafür entscheiden, deine Aufmerksamkeit genau darauf zu fokussieren.

In meiner Coachingpraxis nutze ich die wertvollen Erfahrungen aus dem Outback, um den Menschen, die zu mir kommen, dabei zu helfen, Komplexität zu reduzieren und mit mehr Leichtigkeit zufriedener und erfolgreicher zu werden. In diesem Buch hast du die Quintessenz daraus erfahren.

Dich auf das zu fokussieren, was wirklich zählt, reduziert Komplexität und macht dein Leben leichter, zufriedener und erfolgreicher. Probier's mal aus. Vielleicht packst du ja demnächst sogar einmal deinen Rucksack, wanderst ein wenig durch die Natur und lässt die Outback-Geschichten und Fokussierungstipps auf dich wirken.

Mach's mal anders!

Mach dein Leben leichter.

Fokussiere dich auf das, was wirklich zählt.

Viel Spaß dabei,
Hans-Georg

Tipps zur Vertiefung

Bryson, B.: *Frühstück mit Kängurus. Australische Abenteuer.* Goldmann Verlag. München, 35. Auflage, 2002.

Collard, P.: *Das kleine Buch vom achtsamen Leben. 10 Minuten am Tag für weniger Stress und mehr Gelassenheit.* Wilhelm Heyne Verlag. München, 27. Auflage, 2016.

Harris, R.: *The Happiness Trap. Stop Struggling, Start Living.* Robinson Publishing, London, 2008. (Dt. Ausgabe: *Wer dem Glück hinterherrennt, läuft daran vorbei: Ein Umdenkbuch,* Goldmann Verlag. München, 12. Auflage, 2013.)

Harris, R.: *Values vs Goals.* https://thehappinesstrap.com/values-vs-goals/, 2019. (Das ist ein tolles kurzes Video von Dr. Russ Harris über den Unterschied zwischen Werten und Zielen.)

Huberman, A.: Focus Toolkit: *Tools To Improve Your Focus & Concentration.* *https://hubermanlab.com/focus-toolkit-tools-to-improve-your-focus-and-concentration/,* 2022. (Das ist das Beste, was ich seit Langem zum Thema »Aufmerksamkeit und Fokus« gehört habe. Die ersten neun Minuten kannst du dir sparen, da gibt es Werbung für Produkte.)

Hüther, G.: *Die Macht der inneren Bilder: Wie Visionen das Gehirn, den Menschen und die Welt verändern.* Vandenhoeck & Ruprecht. Göttingen, 9. Auflage, 2015.

Kast, B.: *Der Ernährungskompass: Das Fazit aller wissenschaftlichen Studien zum Thema Ernährung – Mit den 12 wichtigsten Regeln der gesunden Ernährung.* C. Bertelsmann Verlag. München, 31. Auflage, 2018.

Kondo, M.: *Magic Cleaning: Wie richtiges Aufräumen Ihr Leben verändert.* Rowohlt Taschenbuch Verlag. Hamburg, 49. Auflage, 2013.

Walker, M.: *Das große Buch vom Schlaf: Die enorme Bedeutung des Schlafs. Beste Vorbeugung gegen Alzheimer, Krebs, Herzinfarkt und vieles mehr.* Goldmann Verlag. München, 6. Auflage, 2018.

Willmann, H.-G.: *Verblüffend einfach Ziele erreichen. Elf kleine Tricks mit großer Wirkung.* GABAL Verlag. Offenbach, 2. Auflage, 2018.

Willmann, H.-G.: *30 Minuten Willenskraft.* GABAL Verlag. Offenbach, 6. Auflage, 2019.

Willmann, H.-G.: *Das Holiday-Prinzip. Eine Reise zu deinen persönlichen Zielen.* GABAL Verlag. Offenbach, 2021.

Abbildungen:
S. 13: hudhud94/Shutterstock.com
S. 35: Saramix/Shutterstock.com
S. 23: Monika Tomaszewska
S. 37: synchR/Shutterstock.com
S. 188, 197: Mark Heider/Shutterstock.com
Illu Notizbuch (S. 16, 19, 30, 48, 60, 72, 81, 95, 104, 117, 132, 145, 158, 167, 177): BeatWalk/Shutterstock.com

Dank

Ein großes Dankeschön an die Menschen, die ich im Outback getroffen habe. Danke für eure wertvollen Geschichten und für eure *Mateship**. Und Hut ab! Wie ihr das Leben lebt und die wesentlichen Dinge des Lebens direkt und klar auf den Punkt bringt, ist beeindruckend.

Danke an die vielen Menschen, die seit Jahren zu mir in die Coachingpraxis kommen. Als Coach darf ich euch ein Stück auf eurem Weg begleiten, Komplexität zu reduzieren und mit mehr Leichtigkeit erfolgreicher zu werden – ob im Job oder privat. Danke für das große Vertrauen, das ihr mir schenkt.

Dr. Sandra Krebs von der Münchner Verlagsgruppe möchte ich danken für die langjährige, erfolgreiche Zusammenarbeit. Wir kennen uns schon einige Jahre und haben bereits viele schöne Buchprojekte gemeinsam realisiert. Danke, dass du an meine Ideen glaubst. Danke auch an meine Lektorin Frau Ulrike Hollmann für die erneut gute Zusammenarbeit. Dein Blick von außen ist einfach immer Gold wert.

Danke an Melanie, meine Frau. Ohne sie wäre meine »alte Seele« wohl nicht nach Australien ausgewandert.

---

* Aus dem Englischen übersetzt – Mateship ist eine bestimmte Form der sozialen Kommunikation in Australien, die Gleichheit, Loyalität und Freundschaft verkörpert.

Über den Autor

Hans-Georg Willmann ist Diplom-Psychologe – und im Herzen Abenteurer. Der selbstständige Personalberater und zertifizierte Coach bereist seit Jahrzehnten die Welt und ist 2016 nach Australien ausgewandert. Auf seinen Touren im Outback erfährt er immer wieder, wie überlebenswichtig es ist, sich auf das Wesentliche zu fokussieren. In seiner Coachingpraxis hilft er Menschen u. a. dabei, Komplexität zu reduzieren und mit mehr Leichtigkeit erfolgreicher zu werden.

Willmann hat mehr als 30 Bücher geschrieben, die in mehrere Sprachen übersetzt wurden. Mehr über den Abenteurer, Coach und Autor erfährst du unter: https://willmann.coach.

192 Seiten
14,99 € (D) | 15,50 € (A)
ISBN 978-3-7474-0126-2

Hanna Dietz

Einfach mal so tun, als ob das Leben einfach wäre

Wie sich dein Leben verbessert, wenn du endlich mal entspannst

Nobody's perfect – aber wir Frauen machen uns vor lauter Selbstzweifeln jede Menge unnötigen Stress und entlarven ständig unsere Fehler selbst. Dabei liegt das Glück doch nur ein paar kleine Täuschungsmanöver entfernt. Hochunterhaltsam zeigt Hanna Dietz, wie wir über unsere eigenen Unsicherheiten und Fehlerchen hinwegsehen können und vorgeben, alles voll im Griff zu haben. Mit der nötigen Prise Humor führt sie durch das Dickicht der selbstgebauten Stolperfallen und macht dabei deutlich, wie viel einfacher und entspannter das Leben sein kann, wenn man zum Beispiel einfach mal so tut, als ob man Ahnung hat oder als fände man sich wunderschön.

304 Seiten
17,00 € (D) | 17,50 € (A)
ISBN 978-3-7474-0484-3

Ralf During

Freunde finden und behalten

Wie du Kontakte knüpfst und anderen im Gedächtnis bleibst

Du würdest gern neue Leute kennenlernen und bestehende Freundschaften festigen, aber du weißt nicht so recht, wie? Die gute Nachricht: Die Wochenenden allein auf der Couch sind ab jetzt passé, denn in diesem Buch erfährst du, wie du es schaffst, dass aus flüchtigen Bekannten Freunde werden – und wie du Freundschaften dauerhaft erhältst.

Der Kommunikationsexperte und Mediator Ralf During zeigt dir, was du selbst aktiv dafür tun kannst, um mit anderen leichter in Kontakt zu kommen und zu bleiben. Gespickt mit vielen humorvollen Geschichten ist dieser Ratgeber eine unterhaltsame und hilfreiche Lektüre für bessere Beziehungen.